马克思主义经典著作解读丛书

Makesi Zhuyi Jingdian Zhuzuo Jiedu Congshu

主编 / 王为全

马克思主义发展观的时代表达

《树立和落实科学发展观》解读

魏小莎 ◎编著

中国出版集团
现代出版社

图书在版编目(CIP)数据

马克思主义发展观的时代表达：《树立和落实科学发展观》解读 / 魏小莎编著．—北京：现代出版社，2016.1 （2025.1重印）

ISBN 978-7-5143-1925-5

Ⅰ．①马… Ⅱ．①魏… Ⅲ．①社会主义建设模式-中国-青少年读物 Ⅳ．①D616-49

中国版本图书馆 CIP 数据核字(2014)第 106538 号

作　　者　魏小莎
责任编辑　王敬一
出版发行　现代出版社
通讯地址　北京市安定门外安华里 504 号
邮政编码　100011
电　　话　010-64267325 64245264(传真)
网　　址　www.1980xd.com
电子邮箱　xiandai@cnpitc.com.cn
印　　刷　三河市嵩川印刷有限公司
开　　本　700mm×1000mm　1/16
印　　张　12
版　　次　2016 年 1 月第 1 版　2025 年 1 月第 3 次印刷
书　　号　ISBN 978-7-5143-1925-5
定　　价　48.00 元

导 言

党的十六大以来，以胡锦涛同志为核心的党的第四代领导集体坚持以邓小平理论和“三个代表”重要思想为指导，在准确把握世界发展趋势、认真总结我国发展经验、深入分析我国发展阶段性特征的基础上，创造性地提出了科学发展观这一重大战略思想。党的十八大将科学发展观与马克思列宁主义、毛泽东思想、邓小平理论、“三个代表”重要思想一道，确立为党必须长期坚持的指导思想。《树立和落实科学发展观》深刻反映了我们党对发展问题的新认识，反映了当今世界经济政治文化发展的新情况，反映了我国经济社会发展进入关键时期的新要求。青少年是祖国的未来与希望，要深刻学习理解和全面、完整、准确地把握认识科学发展观的精神实质和科学内涵；就要求青少年要用科学发展观来指导学习与工作，牢固树立科学发展观，积极宣传科学发展观，自觉落实科学发展观，为此我们对《树立和落实科学发展观》进行了解读，以帮助青少年增强树立和落实科学发展观的自觉性和坚定性。

《树立和落实科学发展观》是运用唯物辩证法和系统论全面回答和解决中国现代化建设问题的典范，是学习科学发展观、树立和落实科学发展观的权威文献，是我国经济社会发展的重要指导方针，是发展中国特色社会主义必须坚持的重大战略思想。本书对《树立和落实科学发展观》进行解读共分为六个部分，第一部分详细阐述了科学发展观的内涵与意义，第二部分论述了发展是科学发展观的第一要义，第三部分分析了以人为本是科学发展观的核心立场，第四部分解释了科学发展观的基本要求和根本方法，第五部分介绍了树立和落实科学发展观的基本保障，第六部分阐释了如何树立和落实科学发展观以实现中国梦。

目 录

第一章
科学发展观是中国特色社会主义理论体系的重大成果

近年来，无论是中国的经济发展、科技创新还是国际贸易、国防力量，都发生了翻天覆地的变化，这得益于党和国家几代领导人始终以科学社会主义思想为指导，开创了中国特色的社会主义道路。2003 年，以胡锦涛同志为代表的党和国家第四代领导人，立足社会主义初级阶段基本国情，深入分析我国发展的阶段性特征，总结我国发展实践，准确把握世界发展趋势，借鉴国外发展经验，提出科学发展的理念。

《树立和落实科学发展观》站在历史和时代的高度，围绕中国特色社会主义这一主题，结合新世纪国家所面临的新问题、新挑战和新机遇，深刻回答了我国社会主义经济建设、政治建设、文化建设、社会建设和党的建设的一系列重大问题，开辟了当代中国马克思主义发展新境界，是中国特色社会主义理论体系的重要创新成果，把我们对中国特色社会主义规律的认识提高到新的水平。科学发展观的提出，对于处在新世纪复杂局面下的中国有着深远而重大的意义，它为我国经济继续保持健康发展的势头奠定了基础，为全面实现小康社会的目标提供了保障，将指引中华民族走向伟大复兴之路。

党的七大将毛泽东思想作为我们党必须长期坚持的指导思想，

以此指导我们更好地取得革命的胜利发展，党的十五大将邓小平理论作为我们党必须长期坚持的指导思想，以指导我们发展中国特色社会主义，党的十六大将“三个代表”重要思想作为我们党必须长期坚持的指导思想，以指导我们全面开创中国特色社会主义的新局面，党的十八大将科学发展观列入党章，以指导我们更好地建设小康社会，取得中国特色社会主义新的胜利。党的十八大以来，以习近平同志为总书记的党中央着眼于坚持和发展中国特色社会主义，提出了实现中华民族伟大复兴的“中国梦”。《树立和落实科学发展观》一书要求我们必须把发展作为党执政兴国的第一要义，坚持以人为本，坚持全面协调可持续发展，坚持统筹兼顾。但是，全面深入贯彻落实科学发展观还存在一定的困难，我们必须以更加坚定的决心来全面贯彻落实科学发展观，为实现国家富强、人民幸福、中华民族伟大复兴，为全面建成小康社会和社会主义现代化国家而奋斗。坚持推动经济社会发展，坚持以人为本，坚持和平发展，坚持党的领导，将深入贯彻科学发展观与实现中华民族伟大复兴的“中国梦”紧密结合起来，朝着中华民族伟大复兴目标奋勇前进。

一、科学发展观的提出

发展观即是在研究发展的目的、发展的规律、发展的道路。世界各国不同的发展观会产生不同的思考发展问题的方法及解决发展问题的原则及价值取向。在研究发展问题之初，发展观仅限于经济发展这样具有明显物质主义倾向的认识，这样造成了对资源的破坏、浪费及疯狂的掠夺而忽略了对环境的保护。随着人类社会的进步，人们对发展的认识也越来越丰富与充实。

2003年4月，“非典”疫情期间，胡锦涛同志在广州考查，提出要坚持全面的发展观，促进物质文明、精神文明与政治文明的协调发展。2003年7月，在防治“非典”的会议上，胡锦涛同志强调必须坚持全面、协调、可持续发展的发展观，以此促进经济社会的协调发展。2003年10月14日在党的第十六届三中全会第二次全体会议上提出了科学发展观的概念和内涵，指出：“坚持以人为本，树立全面、协调、可持续的发展观”和“5个统筹”，此后科学发展观在全党和全国人民中迅速形成了广泛的共识。2003年12月，胡锦涛同志在纪念毛泽东同志诞辰110周年座谈会上指出，要以经济建设为中心，坚持以人为本，树立全面、协调、可持续的发展观，统筹城乡发展，统筹区域发展，统筹经济社会发展，统筹人与自然和谐发展，统筹国内外发展和对外开放。2004年3月，胡锦涛同志在中央人口环境工作座谈会上对科学发展观作出了全面的解释，指出坚持以人为本就是要实现人的全面发展，让发展的成果惠及全体人民。全面发展就是要以经济建设为中心，全面推进政治、经济、文化建设，实现社会全面进步，协调发展就是指五个统筹，保证可持续发展。2004年9月，党的十六届四中全会强调，坚持以经济建设为中心，树立和落实科学发展观，坚持以人为本的科学发展观，更好地推动经济社会发展。2005年10月，党的十六届五中全会指出，科学发展观是指导发展的世界观和方法论的集中体现，全面落实科学发展观，从思想上、组织上、作风上和制度上形成更为有力的保障。2006年3月，胡锦涛同志参加西藏代表团审议时指出，要实现“十一五”时期的各项目标，必须贯彻落实好科学发展观。2006年6月，胡锦涛同志在庆祝中国共产党成立85周年暨总结保持共产党员先进性教育活动大会上指出，要把科学发展观作为检验党的建设的重要标准。2006 年 10 月，党的十六届六中全会指出，坚持以人为本，坚持科学发展观，实现经济社会全面协调可持续发展。几年来的实践更证明，科学发展观实现了中国的经济、政治、文化、社会的全面协调可持续的科学发展，实现了既通过维护世界和平保护自己，又通过自身发展维护世界和平的良好发展。科学发展观是我国全面建设小康社会的需要，是应对我国在发展过程中遇到的各种问题的正确选择，是中国特色社会主义必须坚持和贯彻的重大战略思想。2007 年，在党的十七大上，胡锦涛同志在《高举中国特色社会主义伟大旗帜，为夺取全面建设小康社会新胜利而奋斗》的报告中提出，科学发展观第一要义是发展，核心是以人为本，基本要求是全面协调可持续性，根本方法是统筹兼顾。这指明了我们进一步推动中国经济改革与发展的思路和战略，明确了科学发展观是指导经济社会发展的根本指导思想，标志着中国共产党对于社会主义建设规律、社会发展规律、共产党执政规律的认识达到了新的高度，标志着马克思主义和新的中国国情相结合达到了新的高度和阶段。根据党的十七大部署，中央决定从 2008 年 9 月开始，用一年半左右的时间，在全党分批开展深入学习实践科学发展观活动。科学发展观的形成历经五年，具有重要的历史地位和重大的指导意义。

2012 年 11 月，中国共产党十八次代表大会召开，将科学发展观同马克思列主义、毛泽东思想、邓小平理论、“三个代表”重要思想一道，确立为党必须长期坚持的指导思想并写入党章。胡锦涛在中共十八大报告中指出，科学发展观是中国特色社会主义理论体系最新成果，是中国共产党集体智慧的结晶，是指导党和国家全部工作的强大思想武器。在总结十年工作时，胡锦涛指出，科学发展观是马克思主义同当代中国实际和时代特征相结合的产物，是马克思主义关于发展的世界观和方法论的集中体现，对新形势下实现什么样的发展、怎样发展等重大问题作出了新的科学回答，把我们对中国特色社会主义规律的认识提高到新的水平，开辟了当代中国马克思主义发展新境界。

科学发展观是在我国社会主义建设的实践经验总结的基础上提出的，对我社会主义现代化建设具有重要的指导意义，进入21世纪后，我国的经济实力显著增强，但是粗放型经济增长方式未改变，收入分配差距拉大趋势没有得到扭转，协调区域发展差距任务艰巨，我国仍处于社会主义初级阶段的国情没有改变，科学发展观紧紧抓住经济建设这个中心，努力实现以人本，实现全面协调可持续的发展。科学发展观是在准确把握世界发展趋势并认真总结我国发展经验的基础上提出的，世界经济发展不平衡，能源压力、气候压力增大，国际环境中不稳定因素增多，经济结构性矛盾增加，抓住机遇、应对问题与挑战、加快社会全面发展，就要把中国的发展放在世界的大局中来思考，当今世界，和平、发展与合作是时代潮流，科学发展观反映了当代最新的发展理念，顺应了当今世界的发展潮流，坚持走科学发展的道路是我们的必然选择。

坚持以人为本的全面协调可持续发展的科学发展观是对经济社会发展一般规律认识的深化，是根据新的发展要求提出来的；科学发展观运用辩证唯物主义和历史唯物主义的基本原理，用新思想、新观点、新论断深化了对社会主义发展规律的认识，为我国经济社会全面协调可持续发展指明了正确道路；科学发展观针对我国经济发展过程中出现的问题，提出了经济社会发展的总体战略和基本模式，着眼于经济又好又快发展，提出促进协调发展的新思路；科学发展观从中国特色社会主义事业总体布局出发，着眼于丰富发展内涵、创新发展观念、开拓发展思路、破解发展难题，完善了中国特色发展道路、发展模式及发展战略，初步形成了马克思主义关于社会主义发展的系统理论；科学发展观是中国共产党党章规定的党的指导思想，是以胡锦涛为核心的党的第四代领导集体对马克思主义、毛泽东思想的发展，是中国特色社会主义理论体系的重要组成部分。

二、科学发展观的内涵

发展是科学发展观的第一要义；坚持以人为本，是科学发展观的核心内容；全面协调可持续发展是科学发展观的基本要求；实行统筹兼顾，是科学发展观的根本方法。科学发展观的提出，是我们党对现代化建设指导思想的重大发展。

第一，必须坚持把发展作为党执政兴国的第一要务。发展，对于全面建设小康社会、加快推进社会主义现代化具有决定性意义。新中国成立以来特别是改革开放以来，我国经济取得了举世瞩目的成就，但是我国仍处在社会主义初级阶段的基本国情没有改变，人民群众日益增长的物质文化需要同落后的社会生产之间的矛盾仍然没变，人口多、底子薄、城乡区域发展不平衡、生产力不发达的状况仍然是我国的最大实际，因此，要解决我们在发展中遇到的矛盾和问题，必须要牢牢抓住经济建设这个中心，坚持聚精会神搞建设、一心一意谋发展，不断解放和发展社会生产力，只有加快经济发展，才能不断满足人民群众日益增长的物质文化需要，提高人民群众的生活水平，朝着共同富裕的方向不断前进；才能不断提高我国的经济实力和综合国力，实现全面建设小康社会的宏伟目标，完成社会主义现代化建设“三步走”的战略任务；才能更好地解决经济社会生活中的各种矛盾和问题，增强战胜各种困难、应对各种挑战和抵御各种风险的能力；才能在激烈的国际竞争中始终处于主动地位，更好地维护国家主权和安全，促进世界和平与共同发展。

坚持以经济建设为中心，必须以高度的历史责任感和现实紧迫感，保持较快的经济发展速度，推动经济持续快速协调健康发展。国家的昌盛，人民的富裕，说到底是经济实力问题。国际竞争，说到底也是经济实力的竞争。实现小康社会和现代化建设，要靠发展，提高物质文化水平要靠发展，实现中国梦要靠发展。只有把握发展规律、创新发展理念、转变发展方式、破解发展难题，提高发展质量和效益，才能实现经济又好又快发展，为发展中国特色社会主义打下坚实基础。科学发展观的第一要义是发展，而发展是我们实现“中国梦”的重中之重。

第二，必须坚持以人为本。以人为本，就是以最广大人民的根本利益为本，就是要把人民的利益作为一切工作的出发点和落脚点，不断满足人们的多方面需求和促进人的全面发展。以人为本的人就是指的广大人民群众，科学发展观强调把实现人民的愿望、满足人民的需要、维护人民的利益为宗旨，权为民所用、情为民所系、利为民所谋，科学发展观指出发展为了人民，发展依靠人民，始终相信群众，密切联系群众，发挥人民群众的积极性、主动性和创造性，将全民族的智慧融入到社会主义伟大事业的建设中来。以人为本的本是指的根本，是党和国家工作的出发点和落脚点，科学发展观指出要始终把实现好、维护好、发展好最广大人民的根本利益作为党和国家一切工作的出发点和落脚点，尊重人民主体地位，发挥人民首创精神，保障人民各项权益，走共同富裕道路，促进人的全面发展，做到发展为了人民、发展依靠人民、发展成果由人民共享。

坚持以人为本就是要坚持从人民的根本利益出发谋发展、促发展，不断满足人民日益增长的物质文化需要，不断实现好、维护好、发展好最广大人民的根本利益；坚持以人为本，就要始终坚持人民在中国特色社会主义事业中的主体地位，尊重人民首创精神，发挥人民的积极性、主动性、创造性；就要就要坚持在全体人民根本利益一致的基础上，正确反映和兼顾不同地区、不同部门、不同方面群众的利益，妥善协调各方面的利益关系，走共同富裕道路；就要切实保障人民依法享有各项权益，维护社会公平正义，满足人们的发展愿望和多样性需求，关心人的价值、权益和自由，关注人们的生活质量、发展潜能和幸福指数，体现社会主义的人道主义和人文关怀，促进人的全面发展。科学发展观的核心是以人为本，使得我们找到了实现“中国梦”的依靠力量。

第三，必须坚持全面协调可持续发展。全面，就是要在不断完善社会主义市场经济体制，保持经济持续快速协调健康发展的同时，加快政治文明、精神文明的建设，形成物质文明、政治文明、精神文明相互促进、共同发展的格局；协调，就是要统筹城乡协调发展、区域协调发展、经济社会协调发展、国内发展和对外开放；可持续，就是要统筹人与自然和谐发展，处理好经济建设、人口增长与资源利用、生态环境保护的关系，推动整个社会走上生产发展、生活富裕、生态良好的文明发展道路，可持续发展是指发展的持续性，经济发展的前提是必须考虑当前发展和未来发展，为子孙后代留下可发展的空间，在经济发展过程中实现人与自然的和谐，实现人口、资源、环境相协调，保证经济社会又好又快发展。经济建设为政治、文化与社会建设提供物质保障，政治建设为经济、文化与社会建设有重要的保证作用，文化建设对经济、政治及社会建设提供有力的精神支撑，社会建设为经济、政治及文化建设提供良好的社会环境。要按照中国特色社会主义事业总体布局，全面推进经济、政治、文化与社会建设。科学发展观是协调的发展观，是促进生产关系与生产力、上层建筑与经济基础相协调发展的发展观。

党的十七大把全面协调可持续作为科学发展观的基本要求来强调，反映了现阶段我国经济社会发展的客观要求：一方面，经过长期发展，我们积累了较为雄厚的物质技术基础，可以在推进全面协调可持续发展上有更大作为；另一方面，城乡区域发展不平衡、经济社会发展不协调、经济发展与人口资源环境不适应等问题更加突出地摆在了我们面前。全面协调可持续的基本要求，提出了解决城乡、区域、经济社会、人与自然发展不平衡、不协调问题的新思路，指明了我国经济社会发展的正确方向。只有更加自觉地推进全面协调可持续发展，才能更好化解对我国发展的各种制约因素，更好推动我国发展进程，确保实现我国发展的战略目标。

第四，必须坚持统筹兼顾。实行统筹兼顾，是科学发展观的根本方法。统筹城乡发展、区域发展、经济社会发展、人与自然和谐发展、国内发展和国外发展，充分调动各方面积极性。统筹城乡发展就是要贯彻工业反哺农业、城市支持农村的方针，解决好“三农问题”，缩小城乡发展差距。统筹区域发展，全面推进东北老工业基地振兴，推进西部大开发，促进中东西互补协调发展。统筹经济社会发展，就是要在经济发展的同时，推动社会发展，即推动教育、文化、科技、体育及社会保障等的全面发展。统筹人与自然的发展，就是要处理好经济建设与资源利用、环境保护及人口增长的关系，推动整个社会走上生产发展、生活富裕、生态良好的文明发展道路。统筹国内国际两个大局，就是要处理国内发展与国际环境的关系，善于从国际形势发展变化中把握发展机遇、应对风险挑战，树立世界眼光，营造良好国际环境。统筹中央与地方的关系要求维护中央的领导，又要发挥地方的积极性。要总揽全局、统筹规划，抓住牵动全局的主要工作、事关群众利益的突出问题，着力推进、重点突破。要正确认识和妥善处理中国特色社会主义事业中的重大关系，统筹个人利益和集体利益、局部利益和整体利益、当前利益和长远利益，充分调动各方面积极性。

胡锦涛在中共十七大报告中指出：科学发展观，根本方法是统筹兼顾。毛泽东早在1956年《论十大关系》一文中提出：社会主义建设的基本方针就是“统筹兼顾，各得其所”。1957年在《关于正确处理人民内部矛盾的问题》一文中进一步指出：“我们的方针是统筹兼顾，适当安排。”邓小平同志提出：“我们必须按照统筹兼顾的原则来调节各种利益的相互关系。”江泽民同志强调：“我们所有的政策措施和工作，都应该正确反映并有利于妥善处理各种利益关系，都应认真考虑和兼顾不同阶层、不同方面群众的利益。”利益协调是做到统筹兼顾的关键。科学发展观提出的“五个统筹”，实际上是农村发展与城市发展、区域发展与全国发展、经济发展与社会发展、国内发展与对外开放以及人与自然关系不断整合、不断优化和不断协调的过程，这丰富了我们党关于统筹兼顾的思想，是对现代化建设规律认识的深化，是我国社会主义现代化建设的重要指导方针。

三、科学发展观形成的思想基础

2012年11月8日，胡锦涛在中共十八大报告中指出：“总结十年奋斗历程，最重要的就是我们坚持以马克思列宁主义、毛泽东思想、邓小平理论、‘三个代表’重要思想为指导，勇于推进实践基础上的理论创新，围绕坚持和发展中国特色社会主义提出一系列紧密相连、相互贯通的新思想、新观点、新论断，形成和贯彻了科学发展观。科学发展观是马克思主义同当代中国实际和时代特征相结合的产物，是马克思主义关于发展的世界观和方法论的集中体现，对新形势下实现什么样的发展、怎样发展等重大问题作出了新的科学回答，把我们对中国特色社会主义规律的认识提高到新的水平，开辟了当代中国马克思主义发展新境界。科学发展观是中国特色社会主义理论体系最新成果，是中国共产党集体智慧的结晶，是指导党和国家全部工作的强大思想武器。科学发展观同马克思列宁主义、毛泽东思想、邓小平理论、‘三个代表’重要思想一道，是党必须长期坚持的指导思想。”

科学发展观是马克思主义中国化最新成果的纲领性文献，是我们党继往开来、承前启后、面向世界和未来的政治宣言。马克思主义关于发展的思想，是科学发展观最基本的理论依据和来源。如人民群众的观点，批判资本主义的观点，以及人与社会全面发展的观点等，马克思、恩格斯认为：“人类社会的发展是自然历史过程；生产力的发展，是人类社会发展的最终决定力量；生产力和生产关系、经济基础和上层建筑的矛盾运动，是社会发展的根本动力。”列宁在领导俄国进行社会主义建设的过程中，提出了“渐进发展”“建立工农联盟”，“加强民主与法制建设和文化建设”等一系列关于发展的思想，涉及社会主义建设的诸多重大问题。列宁提出：“无产阶级取得国家政权以后，最主要最根本的任务就是增加产品数量，大大提高社会生产力，创造新的高得多的劳动生产率，同时要加强社会主义民主建设，加强文化建设等。”这对于我们思考和探索社会主义发展问题具有重要的启示。马克思主义实事求是的世界观、唯物辩证法的方法论和唯物史观，是科学发展观三大思想基础。一切从实际出发、实事求是，是科学发展观产生的世界观和方法论基础。求真务实在理论上进一步丰富和发展了马克思主义思想路线的内涵。

“求真”就是不断地认识事物的本质，把握事物的规律，侧重认识世界，着力揭示世界的本质和规律，体现科学精神。“务实”，就是要在这种规律性认识的指导下，去实践、去行动，侧重在认识世界的同时改造世界，体现实践品格。只有求真，才能更好地务实；只有务实，才能达到求真的目的。求真务实，它体现了马克思主义所要求的理论和实践、知和行的具体的历史的统一，使党的思想路线的实践内涵更加深刻和完整，使党的思想路线的实践意义更加凸显和具体，进一步突出了马克思主义政党的实践精神和历史责任感。“求真务实”是党的思想路线与时俱进的新成果，是继“与时俱进”之后的又一个新理念和重大理论创新。坚持求真务实，就是坚持党的思想路线。求真务实的过程，就是解放思想、实事求是、与时俱进的过程。

坚持求真务实，是科学发展观开拓中国特色社会主义新局面的理论基石。求真务实，是辩证唯物主义和历史唯物主义一以贯之的科学精神，是我们党的思想路线的核心内容，也是党的优良传统和共产党人应该具备的政治品格。中国处在社会主义的初级阶段，也正处在新的历史起点上。求真务实的理论，使我们对我国现阶段社会经济形态的主要特征、历史任务、运行规律和必须实行的方针政策有了更加深刻的认识，使我们对全面建设小康社会的长期性、艰巨性、复杂性有了充分的思想准备，因此才有了“十一五”规划党在经济、政治、文化、党的建设等方面一系列正确的方针政策，才有我们党应对国际金融危机的正确和果断的举措。求真务实的思想路线，使树立和落实科学发展观有了根本的思想和作风保障。树立和落实科学发展观，必须用求真务实的精神来思考工作，用求真务实的要求来部署工作，用求真务实的勇气来推动工作，用求真务实的标准来检验工作。树立和落实科学发展观，与大兴求真务实之风是内在统一的。树立和落实科学发展观要以求真务实为着力点，用求真务实的作风落实科学发展观。

毛泽东关于社会主义建设的重要思想，是科学发展观重要的理论来源。在社会主义革命和建设时期，毛泽东同志带领我们党探索中国怎样建设社会主义的道路，通过对我国社会主义建设实践经验的总结，把马列主义的基本原理同中国革命和建设的具体实际相结合，形成了一系列带有独创性的重要思想成果。1956 年，毛泽东同志发表了《论十大关系》讲话，提出了我国在社会主义改造完成后“根本任务已经由解放生产力变为在新的生产关系下面保护和发展生产力”的重要思想，同年党的八大制定的反映中国特点的社会主义建设路线标志着党从此开始了对适合中国情况的社会主义建设道路的艰辛探索，并有了一个良好的开端。20 世纪 60 年代初，毛泽东又提出了一些很有价值的思想观点，比如关于不能剥夺农民、不能超越阶段的观点，关于社会主义社会可以区分为“不发达的社会主义”和“发达的社会主义”两个阶段的观点，关于要重视商品生产、商品交换和价值规律的作用的观点，关于在社会主义经济占优势的条件下“可以消灭了资本主义、又搞资本主义”的观点，关于社会主义建设具有艰巨性、复杂性和长期性的观点等等。这些都是科学发展观的理论来源。

科学发展观是对邓小平理论继承、丰富和发展，邓小平关于发展的思想是科学发展观更为直接的理论来源，在邓小平的著作和一系列讲话中，无不渗透着科学发展观的思想。1987 年 10 月党的十三大报告阐述社会主义初级阶段理论，邓小平第一次提出和论证了我国正处于社会主义初级阶段，需要几代人、十几代人，甚至几十代人坚持不懈地努力奋斗，这就是科学发展观确立的基本出发点。邓小平发展思想的一个主要内容和重大贡献，是明确提出并牢固确立了我们党“一个中心，两个基本点”的基本路线，邓小平关于经济持续、快速、健康地发展的思想是科学发展观的正确指南。邓小平强调，在社会主义初级阶段，要始终坚持以经济建设为中心，坚持“发展才是硬道理”，另外，邓小平指出：“现在，我们国内条件具备，国际环境有利，再加上发挥社会主义制度能够集中力量办大事的优势，在今后的现代化建设长过程中，出现若干个发展速度比较快、效益比较好的阶段，是必要的，也是能够办到的”，“稳是需要的，但不能把强调稳与抓住机遇、跳跃式发展、上台阶对立起来：稳定、协调是相对的，发展才是硬道理。如果不敢解放思想，不敢放开手脚，结果是丧失时机，犹如逆水行舟，不进则退。”邓小平理论中经济发展必须依靠科技和教育的论述为科学发展观确定了战略重点，邓小平明确指出：“经济发展得快一点，必须依靠科技和教育。我说科学技术是第一生产力。近一二十年来，世界科学技术发展得多快啊！高科技领域的一个突破，带动一批产业的发展。我们自己这几年，离开科学技术能增长得这么快吗？要提倡科学，靠科学才有希望。”他还提出了社会主义本质的重要论断和“三个有利于”的判断标准，邓小平在1992年的南巡谈话中明确指出：“判断的标准，应该主要看是否有利于发展社会主义社会的生产力，是否有利于增强社会主义国家的综合国力，是否有利于提高人民的生活水平”，邓小平理论中“三个有利于”的思想为科学发展观提出了评价的标准。另外，邓小平还提出“贫穷不是社会主义”“发展太慢也不是社会主义”“全面建设小康社会”“经济发展分三步走”“两手抓，两手都要硬”“全面改革，沿海和内地发展‘两个大局’”“合理调节社会分配关系”“避免两极分化”等一系列重要思想，这为科学发展观提供了思想精髓。

党的十三届四中全会以后，以江泽民为主要代表的中国共产党人，创立了“三个代表”重要思想，提出了把发展作为党执政兴国的第一要务，坚持用发展的办法解决前进中的问题，正确处理改革发展的关系，建立社会主义市场经济体制，坚持依法治国和以德治国相结合，实施科教兴国、可持续发展、西部大开发等重大战略，江泽民在多次讲话中指出“宏观政策要保持必要的稳定性和连续性，各项改革必须稳步推进，以确保国民经济稳定增长，避免出现大起大落”，“实现可持续发展，越来越成为各国推进经济社会发展的战略选择”，“我们既要保持经济持续快速健康发展的良好势头，又要抓紧解决人口、资源、环境工作面临的突出问题，着眼于未来，确保实现可持续发展的目标”。江泽民关于发展的思想，是在我国社会主义现代化建设进入总体上实现小康社会目标的阶段形成的，他在党的十五大报告中提出了建设中国特色社会主义经济、政治、文化的基本纲领，形成了“三位一体”的战略布局，还提出关于社会主义现代化建设的一系列重要理论观点、方针政策和战略举措。他在党的十六大报告中提出了全面建设小康社会的目标，即提升综合国力，完善社会主义民主，提高全民族的素质，改善生态环境，提高可持续发展能力。不断推进社会主义物质文明、政治文明和精神文明建设，促进社会全面进步和人的全面发展等，使我们党的发展观得到进一步丰富和发展，为科学发展观提供了理论支持。

十八大正式将科学发展观列入党的指导思想，与马克思列宁主义、毛泽东思想、邓小平理论、“三个代表”重要思想一道确立为党的行动指南。十八大报告指出，“必须把科学发展观贯彻到我国现代化建设全过程、体现到党的建设各方面”，报告同时指出，“全党必须更加自觉地把推动经济社会发展作为深入贯彻落实科学发展观的第一要义；必须更加自觉地把以人为本作为深入贯彻落实科学发展观的核心立场；必须更加自觉地把全面协调可持续作为深入贯彻落实科学发展观的基本要求；必须更加自觉地把统筹兼顾作为深入贯彻落实科学发展观的根本方法”。科学发展观的提出和形成，给中国共产党关于发展的理论作出了科学的发展和定义，提高了党领导发展的能力，提高了党的执政能力和先进性，巩固了党的执政地位和合法性，科学发展观不仅将继续推动着中国特色社会主义事业又好又快发展，还将开辟中国特色社会主义发展的新时代。

四、科学发展观形成的实践基础

科学发展观是在深刻总结我国发展实践经验的基础上提出来的；科学发展观是在深刻总结我国基本国情和我国新阶段的历史特征的基础上提出来的；科学发展观是在科学判断国际形势和世界发展趋势的基础上提出来的。科学发展观体现了历史新时期对我们党和国家工作的新要求，深刻理解和把握科学发展观，必须要了解科学发展观的实践基础。

科学发展观是在总结我国发展实践经验的基础上提出来的。实践是认识的基础，我们党对发展的认识是随着实践的过程而不断深化的。新中国成立以后，毛泽东开始思考如何实现国家繁荣富强和人民共同富裕，其关于社会主义革命和社会主义建设的重要思想，集中体现在《在中国共产党第七届中央委员会第二次全体会议上的报告》《论人民民主专政》《论十大关系》《关于正确处理人民内部矛盾的问题》《在扩大的中央工作会议上的讲话》等主要著作中，提出要以工业化为核心，坚持统筹兼顾，推进经济社会各项事业发展，但是由于各种复杂的原因，我国的发展实际走了弯路。十一届三中全会以来，以邓小平为主要代表的中国共产党人认真总结经验教训，在正确判断社会主义初级阶段的基本国情上，开辟了一条有中国特色的社会主义发展道路，提出了“一个中心，两个基本点”的基本路线，提出“我们的国家一定要发展，不发展就会受人欺负，发展才是硬道理”。的著名论断，制定了一系列方针政策，实现了我国社会主义发展道路的一次质的飞跃，但是，在改革过程中也存在一定的问题。十三届四中全会以后，如何继续推动中国特色社会主义事业沿著正确方向不断前进，是以江泽民为主要代表的中国共产党人必须深入思考和探索的重大课题，我们党着眼于国际与国内形势的变化，强调发展是党执政兴国的第一要务，江泽民同志强调：“我们党在中国这样一个经济文化落后的发展中大国领导人民进行现代化建设，能不能解决好发展，直接关系人心向背，事业兴衰。特别是“三个代表”的提出，即中国共产党必须始终代表中国先进生产力的发展要求，代表中国先进文化的前进方向，代表中国最广大人民的根本利益。提出了对我们党的要求，以实现经济社会和人的全面发展。

科学发展观是在深刻总结我国基本国情和我国新阶段的历史特征的基础上提出来的。党的十六大以来，以胡锦涛同志为核心的党的第四代领导集体深刻分析我国发展面临的新问题新矛盾，准确把握我国的基本国情，科学回答了我国经济建设、社会建设、文化建设、政治建设及党的建设等一系列问题，形成了以人为本、全面协调的科学发展观。党的十七大报告指出：“经过新中国成立以来特别是改革开放以来的不懈努力，我国取得了举世瞩目的发展成就，从生产力到生产关系、从经济基础到上层建筑都发生了意义深远的重大变化，但我国仍处于并将长期处于社会主义初级阶段的基本国情没有变，人民日益增长的物质文化需要同落后的社会生产之间的矛盾这一社会主要矛盾没有变。”这是贯彻落实科学发展观和构建社会主义和谐社会的基本立足点。十七大报告对我经济社会发展阶段作出了概括和总结：经济实力显著增强，同时生产力水平总体上还不高，自主创新能力还不强，长期形成的结构性矛盾和粗放型增长方式尚未根本改变；社会主义市场经济体制初步建立，同时影响发展的体制机制障碍依然存在，改革攻坚面临深层次矛盾和问题；人民生活总体上达到小康水平，同时收入分配差距拉大趋势还未根本扭转，城乡贫困人口和低收入人口还有相当数量，统筹兼顾各方面利益难度加大；协调发展取得显著成绩，同时农业基础薄弱、农村发展滞后的局面尚未改变，缩小城乡、区域发展差距和促进经济社会协调发展任务艰巨；社会主义民主政治不断发展、依法治国基本方略扎实贯彻，同时民主法制建设与扩大人民民主和经济社会发展的要求还不完全适应，政治体制改革需要继续深化；社会主义文化更加繁荣，同时人民精神文化需求日趋旺盛，人们思想活动的独立性、选择性、多变性、差异性明显增强，对发展社会主义先进文化提出了更高要求；社会活力显著增强，同时社会结构、社会组织形式、社会利益格局发生深刻变化，社会建设和管理面临诸多新课题；对外开放日益扩大，同时面临的国际竞争日趋激烈，发达国家在经济科技上占优势的压力长期存在，可以预见和难以预见的风险增多，统筹国内发展和对外开放要求更高。以上这些阶段性特征，是社会主义初级阶段基本国情在新世纪新阶段的具体表现。这些情况表明，经过新中国成立以来特别是改革开放以来的不懈努力，我国取得了举世瞩目的发展成就，从生产力到生产关系、从经济基础到上层建筑都发生了意义深远的重大变化，但我国仍处于并将长期处于社会主义初级阶段的基本国情没有变，人民日益增长的物质文化需要同落后的社会生产之间的矛盾这一社会主要矛盾没有变。当前我国发展的阶段性特征，是社会主义初级阶段基本国情在新世纪新阶段的具体表现。强调认清社会主义初级阶段基本国情，不是要妄自菲薄、自甘落后，也不是要脱离实际、急于求成，而是要坚持把它作为推进改革、谋划发展的根本依据。我们必须始终保持清醒头脑，立足社会主义初级阶段这个最大的实际，科学分析我国全面参与经济全球化的新机遇新挑战，全面认识工业化、信息化、城镇化、市场化、国际化深入发展的新形势新任务，深刻把握我国发展面临的新课题新矛盾，更加自觉地走科学发展道路，奋力开拓中国特色社会主义更为广阔的发展前景。胡锦涛在十八大中指出："十七大以来的五年，是我们在中国特色社会主义道路上奋勇前进的五年，是我们经受住各种困难和风险考验、夺取全面建设小康社会新胜利的五年。科学发展观是党必须长期坚持的指导思想，必须把科学发展观贯彻到我国现代化建设全过程、体现到党的建设各方面。"

科学发展观是在科学判断国际形势和世界发展趋势的基础上提出来的。两次世界大战让人们饱受战争之苦，加快经济增长成为世界各国的共识，人类创造了前所未有的经济增长成就。随着各国发展实践的推进，人们对发展问题的认识不断深化，从单纯追求经济增长到注重社会变革的发展，从不注重解决社会公平问题到提出到注重以人为中心的社会全面发展，从忽视能源资源节约和生态环境保护到可持续发展，都为我们提供了有益启示。世界各国的发展实践表明，发展绝不仅仅是经济增长，而应该是经济、政治、文化、社会全面协调发展，应该是人与自然和谐的可持续发展。当今世界正处在大变革大调整之中，我国发展既面临着前所未有的机遇，也面临着前所未有的挑战，经济全球化和政治多极化在曲折中发展，科技进步日新月异，综合国力竞争日益激烈，霸权主义和强权政治仍然存在，单极还是多极的斗争仍然尖锐，各种政治力量深刻调整组合，地区冲突和热点问题此起彼伏，国际恐怖主义活动猖獗，传统安全威胁和非传统安全威胁相互交织。世界经济发展很不平衡，南北差距拉大，经济结构性矛盾加剧，贸易和投资保护主义抬头，能源资源压力增大，经济发展中的潜在风险增多，气候变化、重大自然灾害、严重传染性疾病危害加大，各国都在积极探索经济增长方式，抢占经济制高点，我国要完成工业化和信息化的双重任务，就必须走出一条中国特色发展道路。此外，中国发展对世界发展的作用和影响不断提高，国际环境发展变化对我国发展的作用和影响也不断增大。经过这些年的发展，我国经济实力和综合国力大大增强，国际地位和国际影响力不断提升，国际社会普遍看好我国的发展前景，战略上对我国更加重视，同我国合作的意愿不断增强，国际环境中对我国发展有利的因素不断增加。这有利于我国加强同世界各国的合作、加快自身的发展。但也要清醒看到，我国面临着发达国家经济科技占优势的巨大压力，西方敌对势力一刻也没有放弃对我国实施西化、分化的战略图谋，贸易摩擦不断，资源竞争加剧，环境问题突出，文化交流交融交锋频繁，维护国家安全的任务更加繁重。我们面临的仍将是一个总体上有利于我国发展，但不利因素也可能增多的环境。必须把中国的发展放到世界的大局中来思考，不断提高统筹国内国际两个大局的能力，不断提高把握机遇、应对风险挑战的能力，始终掌握发展的主动权。科学发展观是在深刻把握中国与世界关系新变化基础上提出来的，在深刻总结世界发展经验教训的基础上，科学发展观顺应了当今世界发展的潮流，吸收了当今世界各国在发展的认识和实践上取得的积极成果。

五、树立和落实科学发展观的意义

党中央提出的科学发展观体现了人类社会关于发展问题认识的最新成果，是对中国经济社会发展经验的新的概括和总结，也是对实践中出现的诸多问题的新的判断和解决思路。科学发展观标志着中国特色社会主义理论体系一次质的飞跃，对中国的经济社会产生了长期的、深远的影响，同时，中国作为崛起中的大国，在世界发展进程中的作用也日益显现，因此，这一重大战略思想在世界范围内也必然产生影响。党的十八大站在历史和时代的高度，着眼中国特色社会主义事业长远发展，顺应历史的潮流与全党全国人民的共同意愿，把科学发展观同马克思列宁主义、毛泽东思想、邓小平理论、“三个代表”重要思想一道，确立为党必须长期坚持的指导思想并写入党章。在以习近平同志为总书记的党中央坚强领导下，坚持不懈地用科学发展观武装头脑、指导实践、推动工作，在科学发展道路上奋力开拓中国特色社会主义更为广阔的发展前景。

第一，树立和落实科学发展观坚持和丰富了中国特色社会主义理论体系。它继承和发展了马克思主义关于发展问题的一系列基本思想，同马克思列宁主义、毛泽东思想、邓小平理论和“三个代表”重要思想一脉相承而又与时俱进。科学发展观将马克思主义基本原理同当代中国实际相结合，将马克思主义中国化提升到新高度；科学发展观坚持发展了毛泽东思想，为中国特色社会主义的建设提供了物质基础与宝贵经验；科学发展观同邓小平理论与“三个代表”重要思想在理论主题上一脉相承，为建设中国特色社会主义、实现中华民族伟大复兴的中国梦而奋斗，它提出以经济建设为中心，坚持聚精会神搞建设、一心一意谋发展，不断解放和发展社会生产力的思想，丰富了党的“一个中心、两个基本点”的基本路线；科学发展观与邓小平理论与“三个代表”重要思想在理论品质上一脉相承，坚持以人为本，始终代表中国最广大人民的根本利益，解放思想，实事求是，它以人为本的理念，始终把实现好、维护好、发展好最广大人民的根本利益作为党和国家一切工作的出发点和落脚点，丰富和发展了中国特色社会主义依靠力量的理论；它指出要按照中国特色社会主义事业总体布局，全面推进经济建设、政治建设、文化建设、社会建设，坚持和丰富了中国特色社会主义发展道路理论，为发展中国特色社会主义指明了方向。

第二，树立和落实科学发展观将推动我国经济建设、政治建设、文化建设、社会建设全面前进，更好地解决了我国当前经济社会发展中诸多矛盾和问题。科学发展观是马克思主义关于发展的世界观和方法论的集中体现，对新形势下实现什么样的发展、怎样发展等重大问题作出了新的科学回答，把我们对中国特色社会主义规律的认识提高到新的水平。我国社会存在的各种不协调、不和谐的因素严重影响了并且正在制约着我国经济社会的进步，科学发展观强调人与自然的关系，人与人的关系的和谐，强调社会各个层面、各个部门及各个领域协调发展。发展是科学发展观的第一要义，以经济建设为中心，用发展和改革的办法解决前进中的问题，努力保持经济平稳较快发展。科学发展观要求不仅要加快转变经济增长方式，还要积极推进经济结构的战略性调整，实现节约发展、清洁发展、安全发展和可持续发展。科学发展观强调转变发展观念，创新发展模式，提高自主创新能力，充分发挥科学技术第一生产力的重要作用，提高发展质量，推动经济社会发展转入科学发展的轨道。

科学发展观强调经济社会的全面发展就是现代化建设各个环节、各个方面协调的发展，不能以 GDP 说明一切，不能以 GDP 论英雄，而要综合考虑政治、文化和社会建设。在发展的要求上，它坚持又好又快发展，强调把经济社会发展转入科学发展的轨道，指明了实现社会主义现代化的必由途径。同时，它在发展的动力、发展的标准、发展的环境等问题上也都提出了许多新观点、新论断，进一步丰富了我们党关于发展的思想。把科学发展观落实到经济社会发展的整个过程和各个环节，必将开创科学发展的新局面。科学发展观紧紧围绕实现什么样的发展、怎样发展的问题，作出一系列新的理论概括，提出坚持以人为本，实现全面、协调、可持续发展；提出构建社会主义和谐社会，加快推进生态文明建设，全面落实中国特色社会主义事业总体布局；提出建设社会主义核心价值体系，建设社会主义文化强国；提出建设社会主义新农村，建设创新型国家；提出坚持走和平发展道路，推动建设和谐世界；提出坚持统筹兼顾，正确认识和妥善处理中国特色社会主义事业中的重大关系；提出加强党的执政能力建设、先进性和纯洁性建设等重大战略思想。这些重大战略思想，准确把握我国发展的阶段性特征，科学总结实践新创造，深入回答时代新课题，继承和发展了马克思主义关于发展的基本观点，集中体现了我们党在发展中国特色社会主义一系列重大问题上取得的新成果，使我们对共产党执政规律、社会主义建设规律、人类社会发展规律的认识达到新高度，把中国特色社会主义理论体系推进到新境界。

第三，树立和落实科学发展观为新时期加强党的建设提供了强大思想武器。科学发展观强调以人为本，促进人的全面发展，坚持人民群众的历史主体地位。胡锦涛在十八大报告中指出：“全党必须牢记，只有植根人民、造福人民，党才能始终立于不败之地；只有居安思危、勇于进取，党才能始终走在时代前列”，“任何时候都要把人民利益放在第一位，始终与人民心连心、同呼吸、共命运，始终依靠人民推动历史前进”，“坚持问政于民、问需于民、问计于民，从人民伟大实践中汲取智慧和力量”。科学发展观突出提高党领导科学发展的能力这一关键环节，胡锦涛在十八大报告中指出：“全党要增强紧迫感和责任感，牢牢把握加强党的执政能力建设、先进性和纯洁性建设这条主线，坚持解放思想、改革创新，坚持党要管党、从严治党，全面加强党的思想建设、组织建设、作风建设、反腐倡廉建设、制度建设，增强自我净化、自我完善、自我革新、自我提高能力，建设学习型、服务型、创新型的马克思主义执政党，确保党始终成为中国特色社会主义事业的坚强领导核心。”全面贯彻落实科学发展观，是实现又好又快发展的必然要求，也是新时期全面推进党的建设新的伟大工程的必然要求。

第四，树立和落实科学发展观将会降低中国对世界能源的依赖，缓解生态环境的压力，推动中国经济增长。近年来虽然中国经济取得了长足的进步，但是我们应当看到中国仍然是粗放型的工业化道路，投入高、产量低、消耗高仍然是我国面临的难题，我国的对外贸易依存度尤其是重大战略资源的对外贸易依存度在逐年增加，因此，社会主义中国要想改变资源困境，只有坚持科学发展。环境与生态问题是全球面临的典型问题，中国如果不能改变生态污染与环境恶化问题，不仅对中国的子孙后代产生不良影响，还会给全球带来严重的生态与环境问题。作为科学发展观的一项重要内容，中国政府提出建设环境友好型社会，切实减少资源消耗，大力发展循环经济，做到废物的资源化利用和循环利用，并对最终废物进行无害化处理，最大限度减少污染物排放对生态环境的破坏，这对中国乃至世界的环境与生态，都有着重要的意义。另外，中国经济的发展对世界经济发展的贡献率仅次于美国，中国经济的繁荣与否将直接影响世界经济的繁荣与发展，在科学发展观的指导下，中国农村建设迈向了新的台阶，如果中国广袤的农村市场被打开，将为世界经济增长提供新的市场与动力。中国走出一条科技含量高、经济效益好、资源消耗低、环境污染少、人力资源得到充分发挥的新型工业化道路，对整个世界的影响不可估量。

科学发展观为我们观察、分析、解决现阶段中国经济社会发展问题提供了科学的世界观和方法论，深刻揭示了我国经济社会发展的客观规律，为更好地妥善处理当前我国经济社会发展中各方面的突出矛盾、协调好各种利益关系，实现全面、协调、可持续的发展，提供了必须遵循的基本原则、重要思路和现实途径。只有按照科学发展观的要求，正确处理好以经济建设为中心和全面发展的关系、加快发展和协调发展的关系、当前发展和可持续发展的关系，处理好人与自然的关系、处理好经济发展与社会发展之间的关系、处理好城市发展与农村发展的关系、处理好地区与地区之间发展的关系，才能真正实现这全面、协调和可持续发展，才能更好地提高党的领导水平和执政水平、推进党的建设新的伟大工程。只有我们长期坚持和不断发展党历经艰辛开创的中国特色社会主义道路和中国特色社会主义理论体系，把科学发展观贯彻落实到经济社会发展各个方面，中国特色社会主义伟大事业才会取得更大的胜利，中国特色社会主义道路才会越走越宽广，中国特色的马克思主义才会放射出更加灿烂的真理光芒！

第二章
发展是科学发展观的第一要义

发展是当今世界的主题。发展是自然界和人类社会的一种客观规律，世界上的一切事物，尤其是人类社会经济生活，总是不断前进不断向前发展的。马克思指出：“一切物质财富是人类生存的第一个前提，即一切社会历史的第一个前提。”1949 年，中国完成了新民主主义革命，1956 年完成了生产资料所有制的社会主义改造，确立了社会主义基本制度。毛泽东指出：“社会主义革命的目的是为了解放生产力。”党的十一届三中全会以后，我们党将工作中心转移到经济建设上来，做出了实行改革开放的历史性决策。邓小平指出：“发展才是硬道理”，“中国解决所有问题的关键是要靠自己的发展。”江泽民将发展与党的执政理念结合起来，指出：“党要承担起推动中国社会进步的历史责任，必须始终紧紧抓住发展这个执政兴国的第一要务，把坚持党的先进性和发挥社会主义制度的优越性，落实到发展先进生产力、发展先进文化、实现最广大人民的根本利益上来，推动社会全面进步，促进人的全面发展。”胡锦涛指出：“经验表明，一个国家坚持什么样的发展观，对这个国家的发展会产生重大影响，不同的发展观往往会导致不同的发展结果。在当今的新的时候条件下，应该坚持以人为本，实现全面、协调、可持续发展。”

《树立和落实科学发展观》牢牢抓住发展这个科学发展观的主题，强调发展是现阶段的发展和未来发展的有机统一，从现阶段来讲，就是要全面建设更高水平的小康社会，从长远发展来说，就是要为建设社会主义进而实现共产主义奠定物质基础。改革开放30多年来的实践证明，坚持以发展为主题，造就了今日中国的崛起与繁荣，我国目前社会中存在的大多数问题都需要、也只能通过发展去解决，但是，如果发展思路、发展模式、发展理念不科学，就可能带来更大的问题。因此，本讲将围绕发展是科学发展观的第一要义，来揭示如何更好地推动中国朝着更加繁荣、文明、富强的方向发展。树立和落实科学发展观，是对“发展是硬道理”的深化，也极大丰富了“发展是党执政兴国的第一要务”的内涵，全面体现了“三个代表”重要思想。

一、发展是硬道理

树立和落实科学发展观既是一个重大的理论课题，又是一项艰巨的实践任务，关系党和国家的工作大局，关系中国特色社会主义事业的长远发展。要深刻领会和准确把握科学发展观的精神实质、主要内涵和基本要求，把思想统一到科学发展观上来，统一到中央的决策和要求上来，自觉地用科学发展观指导多项工作，为实现全面建设小康社会的宏伟目标而努力奋斗。

社会主义的本质是解放生产力，发展生产力，消灭剥削，消除两极分化，最终达到共同富裕。社会主义的根本任务决定了我国现阶段发展生产力是一项重要而迫切的任务。改革开放之初，我国经济濒于崩溃的边缘，一片废墟，百废待兴。邓小平在对我国社会主义建设经验教训和社会主义主要矛盾进行科学分析的基础上，强调了发展社会生产力的重要性。1992 年他提出了“发展才是硬道理”的著名论断，1992 年 1 月 29 日，南行途中的邓小平来到珠江冰箱厂，当听说这个乡镇企业小厂在 7 年间，产量增加了 16 倍，排名全国第一，产品出口到东南亚一些国家，他高兴地说：“我们的国家一定要发展，不发展就会受人欺负，发展才是硬道理。”打开《邓小平文选》电子版，检索“发展”这个词，在有 1 148 页正文的三卷文选中，一共使用了 1 066 次，平均将近每页一次。特别是第三卷，共有 383 页正文 558 次提到“发展”这个词。“中国解决所有问题的关键是要靠自已的发展”“中国的主要目标是发展”……这些有关发展的精辟论述浓缩成了“发展是硬道理”这句精华。

“发展是硬道理”把对社会主义的认识提高到了新的科学水平，是对科学社会主义的重大理论贡献，并且对于如何建设有中国特色的社会主义，具有十分重大的实践意义。邓小平指出，“中国只要不搞社会主义，不搞改革开放、发展经济，不逐步地改善人民的生活，走任何一条路，都是死路”，“要实施两个大局的发展战略，沿海地区较快发展起来，带动内地发展；然后到了一定时候，沿海拿出更多的力量帮助内地加快发展”，“我们要建设的社会主义国家，不但要有高度的物质文明，而且要有高度的精神文明，要两手抓、两手都要硬”，“让一部分人、一部分地区先富裕起来，最终达到共同富裕”，这些发展理念为我们坚持社会主义的基本制度，发展和完善社会主义市场经济体制指明了正确的方向，是我党制定和执行正确路线和政策的理论基础和根本依据。

“发展是硬道理”是解决当代中国一切问题的关键，是社会主义初级阶段的客观要求。中国的社会主义正处于并将长期处于初级阶段，社会主义初级阶段的主要矛盾是人们日益增长的物质文化生活需求同落后的社会生产之间的矛盾，只有大力发展生产力，才能解决这个主要矛盾。在经济全球化的今天，科技革命，产业结构调整步伐加快，国际竞争更加强烈，综合国力竞争对中国现代化的压力和挑战日益加剧，在不断总结经验的基础上，我们党深刻地认识到，发展是社会主义社会建设的主题，发展的核心内容是解放和发展生产力，只有大力发展，才能不断提高人民物质文化生活水平，才能有效地协调社会矛盾和实现社会公平，才能为社会主义民主政治和精神文明建设创造不可缺少的物质条件。只有大力发展生产力，才能提高我国的综合国力和国际竞争力，缩短同发达国家经济发展程度的差距，才能在世界上保持应有的地位。在“发展才是硬道理”这一论断的指引下，我国经济持续快速发展，人民生活从温饱不足发展到总体小康，政治、文化及社会建设都取得了举世瞩目的成就，尤其近年来我国经济以及其迅猛的速度发展，使我国的综合国力得到飞速的提升，缩小了与发达国家之间的差距，而且还使我国在国际上的地位不断的提高。中国社会天翻地覆的变化，充分证明：“发展”的的确确是硬道理！只有发展才有进步，只有发展才能实现民族振兴的中国梦。

“发展才是硬道理”是我们显示社会主义优越性，巩固社会主义制度的需要。邓小平指出：“社会主义的优越性体现在它的生产力要比资本主义发展的更高一些，更快一些。”江泽民指出：“如果生产力不发展，社会主义制度的巩固和国家的长治久安就会遇到极大的困难，社会主义的优越性就会丧失最根本的经济源泉。”胡锦涛同志指出：“只有生产力发展了，国家的经济实力和综合国力增强了，人民生活水平才能不断提高，国家才能长治久安，社会主义共同富裕的目标才能实现。”贫穷不是社会主义，发展太慢也不是社会主义，邓小平同志提出的“发展才是硬道理”，是站在辩证唯物主义和历史唯物主义的高度，是党和人民实践经验和集体智慧的结晶，只有不断的发展，才能提高人民的物质文化生活水平，才能提高我国的综合国力，才能显示出社会主义的优越性，社会主义制度才会更加深入人心。

在“发展是硬道理”的引领下，我们已经取得了举世瞩目的伟大成就，但我国仍处于并将长期处于社会主义初级阶段的基本国情没有变，人民日益增长的物质文化需要同落后的社会生产之间的矛盾这一社会主要矛盾没有变，我国是世界上最大的发展中国家的国际地位没有变。它告诉我们：发展仍然是硬道理，是体现社会主义优越性的需要，仍然是解决我国所有问题的关键，而发展必须是科学发展，离开了科学发展，发展中不平衡、不协调、不可持续的问题就无法解决，社会和谐的局面就难以实现；它要求我们既强调经济、政治、文化的全面发展，也要重视人与自然的和谐发展，重视经济效益、社会效益和生态效益的统一。2012 年 7 月 23 日胡锦涛同志在省部级主要领导干部专题班上发表了重要讲话：“坚持发展是硬道理的本质要求就是坚持科学发展。以科学发展为主题、以加快转变经济发展方式为主线，是关系我国发展全局的战略抉择。”这一论述，创造性地提出了科学发展是关系全局战略抉择的论断，进一步丰富了中国特色社会主义道路的主题与内涵。因此，当今的发展，不是单层面目标的发展，而是一个多层次多维度的综合性的发展。学习科学发展观理论，就要切实转变思想，努力增强创新意识，顺从科学发展的要求，凡事以科学发展观为指导理念，以促进各项工作的改进、提高与发展。

随着我国改革开放的不断深化，“发展是硬道理”的观念已日益深入人心，发展的速度也在不断加快，但在快速发展的同时，也积累了许多突出问题和矛盾，包括经济结构不合理和粗放型经济增长方式还没有根本改变，城乡、区域、经济社会发展不够协调，人口资源环境压力加大，民生问题比较突出等等。在这种条件下，要充分体现发展是硬道理的本质要求，发展已不仅仅是GDP总量的增长问题，而需要有“质”的提升，也就是迫切需要解决“什么是发展”和“怎样发展”的问题。胡锦涛同志在党的十七大报告中明确指出，科学发展观，第一要义是发展，必须坚持把发展作为党执政兴国的第一要务；核心是以人为本，必须解决好民生问题；基本要求是全面协调可持续，也就是要考虑全方位和历史事业的影响力，而不是损害大众利益和长远利益追求其急功近利；根本方法是统筹兼顾，就是要融合共存的协调和谐发展，从局部到整体，从地区到社会，从眼前到历史的可持续发展。发展，对于全面建设小康社会、加快推进社会主义现代化，具有决定性意义。能不能解决好发展问题，直接关系人心向背、事业兴衰。为此，要进步，就要发展，要强盛，就要发展，要为未来作出特殊的贡献，就必须在各个领域实现科学发展。可见，“发展是硬道理”和科学发展观在发展上是统一的，都把发展放在第一要务，但科学发展观对发展赋予更丰富的内涵，提出更高要求，强调全面发展、协调发展、可持续发展。从这个意义上讲，科学发展观是“发展是硬道理”的继承和发展，是同马克思列宁主义、毛泽东思想、邓小平理论、“三个代表”重要思想既一脉相承又与时俱进的科学理论。坚持发展是硬道理的本质要求就是坚持科学发展，这是对以往经济增长方式、社会发展模式的进一步创新，是对发展实践的价值取向的进一步强化。

“发展是硬道理”，是邓小平发展理论的核心，“科学发展才是硬道理”，是科学发展的核心。坚持发展是硬道理的本质要求就是坚持科学发展，胡锦涛同志在党的十八大开幕式上的报告以马克思列宁主义、毛泽东思想、邓小平理论和“三个代表”重要思想为基础，将科学发展观作为党必须长期坚持的指导思想提了出来。胡锦涛说：“以经济建设为中心是兴国之要，发展仍是解决我国所有问题的关键。只有推动经济持续健康发展，才能筑牢国家繁荣富强、人民幸福安康、社会和谐稳定的物质基础。必须坚持发展是硬道理的战略思想，决不能有丝毫动摇。”“发展是硬道理”与“科学的发展观”二者是继承、丰富和发展的关系，建立在“发展是硬道理”基础上的科学发展观引入了全面可持续的以人为本的重要理念，反映了我们党对发展的认识更加成熟，无论在党的理论创新历史上，还是在中国现代化的历史上，都具有极其重要的意义。树立和落实科学发展观，就要坚持发展是硬道理，以科学发展观为指导理念，以促进各项工作的改进、提高与发展。但是这个发展不仅是指经济增长，也包括科技、教育、文化、卫生等社会事业的发展，是在经济发展的基础上社会的全面发展，是在经济社会全面发展的基础上社会的全面发展。只有物质文明、政治文明和精神文明全面发展，才是真正的以人为本，才能满足人的全面要求，促进人的全面发展。

二、用发展和改革的办法解决前进中的问题

我国正处在改革发展的关键阶段，在当前和今后相当长一段时间内，经济社会发展将面临更复杂、更突出的矛盾和问题。应对这些矛盾和问题，必须进一步树立和落实科学发展观，坚持以经济建设为中心，紧紧抓住发展这个党执政兴国的第一要务，深化改革，

扩大开放，用发展和改革的办法解决前进中出现的问题。

江泽民根据邓小平的“发展是硬道理”的思想提出了“用发展的办法解决前进中的问题”，只有通过发展才能解决我国现阶段的主要矛盾，只有通过发展才能实现全面建设小康社会的目标，只有通过发展才能实现中国特色的社会主义政治、经济、社会的全面发展。江泽民指出：“社会主义的根本任务是发展生产力。邓小平同志讲‘三个有利于’，我们党努力实践‘三个代表’，都把发展生产力放在首要位置。加快发展，关键是发展经济。增加综合国力，改善人民生活，离不开发展；巩固和完善社会主义制度，增强社会主义的凝聚力和生命力，离不开发展；保持社会稳定，实现国家长治久安，离不开发展；提高国际竞争力，在国际较量中掌握主动权，离不开发展；完成祖国统一大业，实现中华民族的伟大复兴，也离不开发展。这些年来，我们解决遇到的种种困难和问题，都是用发展的办法。”江泽民《在党的十五届五中全会召集人会议上的讲话》中指出，“必须坚持用发展的办法解决前进中的问题。现在世界经济发展加快，各国都在寻求新的发展。新世纪之初，我们能不能搞得快一点，国内外都很关注。我国是发展中国家，又处在体制转换和结构调整时期，实现现代化建设的目标，解决经济和社会生活中存在的矛盾与问题，都需要保持较快的经济增长速度。而且，从经济基础、市场潜力和体制环境等方面看，我们也完全有条件实现较快发展。一定要有主动精神和忧患意识，抓住机遇而不可丧失机遇，开拓进取而不可因循守旧，加快发展壮大自己。”

坚持发展是硬道理，坚持用发展的办法解决前进中的问题，我国经济取得了巨大的飞跃，经济总量连上新台阶，综合国力大幅提升。经过30多年的快速发展，我国经济社会发展取得巨大成就并保持着良好势头，国内生产总值由1978年的3 645亿元迅速跃升至

2012年的518 942亿元，2010年国内生产总值按平均汇率折算达到58 791亿美元，成为世界第二大经济体，人均国内生产总值超过4 000美元。但是在发展的过程中也产生了新的问题，中国特色社会主义建设进入到了攻坚阶段，社会发展面临着诸多问题，如城乡二元结构，区域发展不平衡，就业和社会保障问题，贫富差距等等，许多人认为经济增长是硬道理而忽略了经济增长背后的矛盾和问题，因此，一些人开始对现代化的建设与发展提出质疑。但是，我们仍然要坚持发展，只有发展才能更好地解决前进过程中的问题，如果离开了发展，问题与矛盾不会从根本上解决，还会产生新的问题，用发展的办法解决前进中的问题，既是我们的宝贵经验，也是我们必须遵循的哲学方法论原则，同时，我们应该认识到发展应该是科学的发展。

我国正处于全面建设小康社会的关键时期，既面临巨大的发展空间，又面临新的挑战和可能出现的风险，这必然会导致一些社会矛盾与不稳定因素，这一时期只能在继续前进的过程中去解决，只能用发展的办法去解决。党的十六大以来，以胡锦涛同志为核心的党的第四代领导集体紧紧围绕建设中国特色社会主义这个主题，准确把握我国国情和时代特征，认真探索和科学回答实现什么样的发展、怎样发展等一系列重大问题。胡锦涛在十八大报告中指出："以经济建设为中心是兴国之要，发展仍是解决我国所有问题的关键。只有推动经济持续健康发展，才能筑牢国家繁荣富强、人民幸福安康、社会和谐稳定的物质基础。必须坚持发展是硬道理的战略思想，决不能有丝毫动摇。"发展与改革的关系紧密相连，发展离不开改革，胡锦涛同志强调，在新的历史起点上继续推进社会主义现代化建设，说到底要靠深化改革、扩大开放。改革是社会主义制度不断完善、不断成熟的过程，是推动经济社会发展的强劲动力，是确保经济又好又快、全面可持续发展的制度保障。坚持党的基本理论、基本路线、基本纲领，坚持用科学发展观指导工作，用发展和改革的思路解决前进中的问题，才能解决好各种前进中的问题。

中国特色社会主义道路是我党经过不断探索，不断总结成功与失败的经验教训的基础上而走出的发展道路，发展和改革的前进道路上出现的问题，只能在继续前进的过程中去解决，只能用发展和改革的办法去解决，用发展和改革的办法解决前进中的问题，必须坚持党的基本理论、基本路线、基本纲领，坚持用科学发展观武装头脑、指导工作。只有把科学发展观的要求转化为谋划发展的正确思路，转化为促进发展的政策措施，转化为领导发展的实际能力，才能解决好各种前进中的问题。科学发展观是为了人民、依靠人民的发展。坚持科学发展观，要尊重人民群众作为社会主体和历史创造者的地位，尊重群众的首创精神，围绕改革的重点和难点，鼓励大胆探索，勇于实践；要坚持立党为公、执政为民，把实现好、维护好、发展好最广大人民的根本利益作为制定和实施各项方针政策的依据，让全体人民共享发展的成果。社会实践是不断发展的，人们对客观规律的认识不可能一次完成，马克思主义基本原理同中国具体实际相结合也不可能一劳永逸。时代条件发生了变化，客观实际发生了变化，我们的思想认识就必须不断前进，不断根据新的实践进行新的理论探索和概括，党的基本理论也必须在继承的基础上不断吸取新的实践经验、新的思想而向前发展，以为新的实践提供有力的理论指导。

习近平在关于《中共中央关于全面深化改革若干重大问题的决定》的说明中指出："当前，国内外环境都在发生极为广泛而深刻的变化，我国发展面临一系列突出矛盾和挑战，前进道路上还有不少困难和问题。比如：发展中不平衡、不协调、不可持续问题依然突出，科技创新能力不强，产业结构不合理，发展方式依然粗放，城乡区域发展差距和居民收入分配差距依然较大，社会矛盾明显增多，教育、就业、社会保障、医疗、住房、生态环境、食品药品安全、安全生产、社会治安、执法司法等关系群众切身利益的问题较多，部分群众生活困难，形式主义、官僚主义、享乐主义和奢靡之风问题突出，一些领域消极腐败现象易发多发，反腐败斗争形势依然严峻，等等。解决这些问题，关键在于深化改革。”《中共中央关于全面深化改革若干重大问题的决定》指出“面对新形势新任务，全面建成小康社会，进而建成富强民主文明和谐的社会主义现代化国家、实现中华民族伟大复兴的中国梦，必须在新的历史起点上全面深化改革，不断增强中国特色社会主义道路自信、理论自信、制度自信。”发展是基础，改革是动力，用发展和改革的办法解决前进中的问题，这个战略思想没有变，也不能变。

三、发展必须是科学的发展

树立和落实科学发展观，我们必须正确地去理解科学发展观的科学含义，发展必须是科学的发展，要坚持以人为本，转变发展观念、创新发展模式、提高发展质量，落实五个统筹，把经济社会切实转入全面协调可持续发展的轨道。

“快”，成为近年来中国经济发展的明显特征。中国经济总量逐年上升，从1979年到2012年，我国国内生产总值年均增长9.8%，而同期世界经济年均增速为2.8%。中国的经济总量居世界位次稳步提升，对世界经济增长的贡献不断提高。1978年，我国经济总量仅位居世界第十位；2008 年超过德国，居世界第三位；2010 年超过日本，居世界第二位，成为仅次于美国的世界第二大经济体。经济总量占世界的份额由 1978 年的 1.8% 提高到 2012 年的 11.5%。2008 年下半年国际金融危机爆发以来，我国成为带动世界经济复苏的重要引擎，2008－2012 年对世界经济增长的年均贡献率超过 20%。

但是也要看到，中国为多年来的“粗放型”快速增长方式付出了沉重的代价，重视经济增长而不惜浪费资源和破坏环境为我国的经济发展带来了诸多难题，能源资源的高消耗以及由此造成的环境污染和生态破坏，成为制约经济社会协调发展的突出问题。2005 年，《中共中央关于制定国民经济和社会发展第十一个五年规划的建议》中提出：“发展必须是科学的发展，要坚持以人为本，转变发展观念、创新发展模式、提高发展质量，落实‘五个统筹’，把经济社会切实转入全面协调可持续发展的轨道。”2006 年 11 月，胡锦涛在中共中央召开的征求对经济工作意见建议的党外人士座谈会上提出，要坚持以科学发展观统领经济社会发展全局，促进经济社会“又好又快发展”。2006 年 12 月在中央经济工作会议进一步提出，又好又快发展是全面落实科学发展观的本质要求。胡锦涛在中共十七大报告中指出，要促进国民经济又好又快发展，实现未来经济发展目标，关键要在加快转变经济发展方式、完善社会主义市场经济体制方面取得重大进展。

以经济建设为中心，用发展的办法解决前进中的问题是我们党全面建设小康社会的理论指导。但是，仅有生产力的发展并不能自然而然地推进社会主义的全面进步，如果单纯追求增长数量，而不注重增长质量，不重视经济、社会、政治、文化的协调发展，不重视自然规律，不重视人与自然的协调发展，就会终究制约发展。在新的历史时期，我们必须以科学发展观统领经济社会发展全局，统筹兼顾，协调好社会各要素之间的关系，促进社会主义的全面建设，使和谐的社会关系、人与自然的关系可持续发展，处理好好与快的关系，让“好”和“快”双翼齐飞。要大力推进经济结构战略性调整，更加注重提高自主创新能力、提高节能环保水平、提高经济整体素质和国际竞争力。要深化对社会主义市场经济规律的认识，从制度上更好发挥市场在资源配置中的基础性作用，形成有利于科学发展的宏观调控体系。

科学发展观强调第一要义是发展，是又好又快发展，这是贯彻落实科学发展观、实现全面建设小康社会宏伟目标的必然要求。实现经济发展方式从“又快又好”到“又好又快”的转变，既是对我国经济社会发展新形势认识的深化，更是科学发展观的本质要求。从“又快又好发展”调整为“又好又快发展”；把原来的“经济增长方式”改提为“经济发展方式”，由强调发展的速度到注重发展的效益和增长的质量，反映了中国经济发展理念的一大转变。发展速度应当是经济效益比较好、人民群众得到实惠的速度；是资源消耗比较少、环境得到保护的速度；是经济波动比较小、增长得以持续的速度。我们既要求保持经济平稳较快增长，防止大起大落；更要坚持好中求快，注重优化结构，努力提高质量和效益。又好又快发展，是今后引领中国经济发展的指导思想。“快”强调的是追求经济增长的高速度、高消耗、高排放，而不注重经济增长的质量，“好”强调经济增长的全面性、协调性与可持续性，既追求经济增长的数量，也追求经济增长的质量，实现经济、社会、人口、环境、资源相协调。“好”与“快”互为条件，既相互促进又相互制约。又好又快，要求“快”以“好”为前提，只有坚持好字优先，在好的前提下，才能实现全面持续地快速增长。同时，快也是好的必要条件，较快增长本身就是较好发展的重要基础。只有保持较快的增长，才能抓住机遇，不断增强经济实力，使经济增长的潜力充分发挥出来，更好地解决发展中存在的矛盾和问题，促进国民经济又好又快发展。

实现又好又快发展，必须加快转变经济发展方式，这是关系国民经济全局紧迫而重大的战略任务，是提高我国经济国际竞争力和抗风险能力的根本举措，是实现全面建设小康社会奋斗目标的重要保证。加快转变经济发展方式，就必须坚持走中国特色新型工业化道路，促进经济增长由主要依靠投资、出口拉动向依靠消费、投资、出口协调拉动转变，由主要依靠第二产业带动向依靠第一、第二、第三产业协同带动转变，由主要依靠增加物质资源消耗向主要依靠科技进步、劳动者素质提高、管理创新转变，推动产业结构优化升级，增强发展的协调性和可持续性。由转变经济增长方式到转变经济发展方式，虽然只是两个字的改变，但有着十分深刻的内涵。增长并不等于发展，转变经济发展方式，除了涵盖转变经济增长方式的全部内容外，还对经济发展的理念、目的、战略和途径等提出了新的更高要求。我国正处于改革发展的关键阶段，也是工业化、现代化的重要时期，能不能适应国际环境的新变化，适应我国发展的新要求，在转变经济发展方式上取得重大突破，关系到我们能不能牢牢把握发展的主动权、能不能在较长时期内继续保持经济平稳较快发展。要深刻认识转变经济发展方式的重大意义，大力推动经济增长由粗放型向集约型转变、由片面追求经济增长向全面协调可持续发展转变，不断赢得发展新优势、开创发展新局面。

实现又好又快发展，必须坚持以人为本，发展的最终目的便是为了实现好、维护好、发展好广大人民的利益，将发展成果交给人民享用，我们应当采取更加有力措施改善民生，解决好群众就业、住房等基本生活问题，努力实现广大群众普遍安居乐业，实现建设和谐社会的目标，真正做到权为民所用、情为民所系，利为民所谋。实现又快又好的发展，必须是全面协调可持续的发展，坚持以经济建设为中心，建设社会主义政治文明，推动社会主义文化大发展，促进经济建设、文化建设、政治建设、社会建设各个环节相协调，真正实现科学发展。

四、实施科教兴国战略

树立和落实科学发展观，必须把实施科教兴国和人才强国战略摆在更加突出位置，增强自主创新能力，进一步发挥科学技术是第一生产力的重要作用。人才是科技发展的根本，是科技创新的关键。要进一步在全社会形成尊重劳动、尊重知识、尊重人才、尊重创造和促进人的全面发展的科学理念、政策环境和社会氛围。要坚持立足创新实践和事业发展识别、培养、凝聚人才，促进各类人才特别是青年人才脱颖而出，努力建设适应我国经济社会发展需要的高素质科技创新队伍。树立和落实科学发展观，必须大力实施科教兴国战略。

人类社会经历了几千年的农业文明进入到工业文明时代，以蒸汽机诞生为标志的第一次工业革命，以内燃机和电力广泛使用的第二次工业革命以及以计算机为标志的第三次工业革命极大地推动了世界经济的增长，科学技术作为人类思想与智慧的结晶，创造了巨大的物质财富，马克思曾指出："生产力中也包括科学"，"社会劳动生产力，首先是科学的力量。"

1977 年，邓小平在科学和教育工作座谈会上提出："我们国家要赶上世界先进水平，从何着手呢？我想，要从科学和教育着手”，“不抓科学、教育，四个现代化就没有希望，就成为一句空话”，明确把科教发展作为发展经济、建设现代化强国的先导，摆在我国发展战略的首位。从70年代后期到90年代初期，邓小平坚持“实现四个现代化，科学技术是关键，基础是教育”的核心思想，为“科教兴国”发展战略的形成奠定了坚实的理论和实践基础。1988年9月，邓小平根据当代科学技术发展的趋势和现状，提出了“科学技术是第一生产力”的论断。科技与人才是推动经济社会发展的重要因素，我党按照邓小平理论和党的基本路线，分析总结世界各国经济、社会、科技发展趋势和经验，提出了“科教兴国”战略。

1992年，中国共产党第十四届全国代表大会上，江泽民指出：“必须把经济建设转移到依靠科技进步和提高劳动者素质的轨道上来。”1995年5月6日颁布的《中共中央国务院关于加速科学技术进步的决定》，首次提出在全国实施科教兴国的战略。江泽民在会上指出：“科教兴国，是指全面落实科学技术是第一生产力的思想，坚持教育为本，把科技和教育摆在经济、社会发展的重要位置，增强国家的科技实力及实现生产力转化的能力，提高全民族的科技文化素质。”1995年5月26日，江泽民在全国科学技术大会上提出实施科教兴国战略，围绕实施科教兴国战略这一主题，分四个部分作了论述：全面落实科学技术是第一生产力的思想；加速科技进步需要把握的几个重要问题；培养造就大批德才兼备的科技人才；加强党对科技工作的领导。他指出：创新是一个民族进步的灵魂，是一个国家兴旺发达的不竭动力；如果自主创新能力上不去，一味靠技术引进，就永远难以摆脱技术落后的局面；要把建立技术创新机制作为建立社会主义市场经济体制的一个重要目标，特别要把建立健全企业的技术创新体系作为建立现代企业制度的重要内容和搞好国有大中型企业的关键环节；科学技术人员是新的生产力的重要开拓者和科技知识的重要传播者，是社会主义现代化建设的骨干力量；实施科教兴国战略，关键是人才。1996 年，八届全国人大四次会议正式提出了国民经济和社会发展"九五"计划和 2010 年远景目标，"科教兴国"成为我们的基本国策。1997 年，党的十五大强调要回快实施科教兴国战略和可持续发展战略，切实把教育摆在优先发展的战略地位，把发展教育和科学作为文化建设的基础工程。2002 年 9 月，江泽民在庆祝北京师范大学建校一百周年上发表重要讲话，对科教兴国战略提出了新的任务和要求。

2006 年 8 月 29 日，胡锦涛同志在中央政治局第 34 次集体学习中强调，要深化教育体制改革，统筹城乡、区域教育，统筹各级各类教育。2007 年 10 月，党的十七大进一步强调，提高自主创新能力、建设创新型国家是国家发展战略的核心、提高综合国力的关键。2010 年 7 月，新世纪第一次全国教育工作会议召开，《国家中长期教育改革和发展规划纲要（2010 - 2020 年)》颁布。优先发展、育人为本、改革创新、促进公平、提高质量，纲要确立的二十字方针明确了未来十年的战略目标——到 2020 年基本实现教育现代化，基本形成学习型社会，进入人力资源强国行列。胡锦涛在多个场合强调，必须坚定不移地把教育摆在优先发展的战略地位，大力发展教育事业，深化教育改革创新，全面推进素质教育，不断创新人才培养模式，为建设创新型人才队伍奠定坚实基础。杰出的科学家和科技人才是国家科技事业发展的决定性因素，必须依托国家重大人才培养计划、重大科研和重大工程项目、重点学科和重点科研基地、国际学术交流合作项目，积极推进创新团队建设，努力培养一批德才兼备、国际一流的科技尖子人才、国际级科学大师和科技领军人物，特别是要抓紧培养造就一批中青年高级专家，为我国的教育事业及科技事业贡献力量。

科学技术是第一生产力，我们必须坚持教育为本，把科技和教育摆在经济、社会发展的重要位置，以增强国家的科技实力及向现实生产力转化的能力，提高全民族的科技文化素质，把经济建设转移到依靠科技进步和提高劳动者素质的轨道上来，加速实现国家的繁荣强盛。科教兴国有利于调整、优化产业结构，提高企业经济效益，开拓新的市场空间，培育新的经济增长点；有利于促进经济的发展和社会的全面进步，提高人民的物质文化生活水平，实现社会主义的目的、目标；有利于巩固和发展社会主义制度，实现国家和社会的稳定；有利于增强我国的综合国力，提高我国的国际地位。党的十六届三中全会通过的《中共中央关于完善社会主义市场经济体制若干问题的决定》指出："营造实施人才强国战略的体制环境。创新人才工作机制，培养、吸引和用好各类人才。以党政人才、企业经营管理人才和专业技术人才为主体，建设规模宏大、结构合理、素质较高的人才队伍。多层次、多渠道、大规模地开展人才培训，重点培养一批高层次和高技能人才。加强西部和民族地区人才开发，建立促进优秀人才到西部；基层和艰苦地方工作的机制。尊重知识，鼓励创新，实行公平竞争，完善激励制度，形成优秀人才脱颖而出和人尽其才的良好环境。建立和完善人才市场体系，进一步促进人才流动。积极引进现代化建设急需的各类人才。"全面落实科学发展观，实施科技兴国战略，必须必须深化科技和教育体制改革；全面落实科学发展观，必须坚持科学技术是第一生产力的思想，坚持教育为本，培养更多的人才，充分发挥各类人才的积极性、主动性和创造性，全面提高全民族的科学文化素质，增强国家的科技实力及向现实生产力转化的能力，把经济建设转移到依靠科技进步和提高劳动者的素质轨道上来，从而加速实现国家的繁荣昌盛。

实施科教兴国，必须深化科技和教育体制改革，促进科技、教育同经济的结合。科学发展观强调发展科技教育必须与经济社会发展相协调，科技工作必须自觉地面向经济建设主战场，把攻克国民经济发展中迫切需要解决的关键问题作为主要任务。要通过体制改革，建立起适应社会主义市场经济体制和科技自身发展规律的新型科技体制，充分发挥市场和社会需求对科技进步的导向和推动作用，大力促进科技成果向现实生产力的转化，遵循人才资源开发规律，坚持市场配置人才资源的改革取向，加强和改善宏观调控，建立充满生机和活力的人才工作体制和机制。要建立技术创新机制，推动有条件的科研机构和高等院校以不同形式进入企业或同企业合作，还可以组建科技企业，走产学研结合的道路，使企业成为科研开发和投入的主体。要大力推广先进适用技术，促进科技成果的商品化，依法保护知识产权，完善社会化科技服务体系，基础性研究要按照“有所为、有所不为”的原则，瞄准国家目标和世界前沿，集中力量攻克难关，重点解决未来经济和社会发展的基础理论和关键技术问题。要面向现代化、面向世界、面向未来，优化教育结构，改革办学体制和教育管理体制，合理配置教育资源，提高教育质量和办学效益，使教育与经济紧密结合起来。要适应社会主义市场经济的要求，逐步建立规范有效的多渠道投入体制，促进科技、教育的发展。要提高全社会的科技意识，加大对科技事业的投入。要建立以公开、竞争、择优为导向，有利于优秀人才脱颖而出、充分施展才能的选拔任用机制。要建立健全与社会主义市场经济体制相适应、与工作业绩紧密联系、鼓励人才创新创造的分配制度和激励机制。要改革和完善人才保险制度和福利制度，建立健全人才保障机制。

实施科教兴国必须尊重知识，尊重人才。当今世界，人才和人的能力建设，在综合国力竞争中越来越具有决定性的意义。人是生产力中最活跃的因素，人力资源是我国的第一资源。唯有人才资源得到有效开发，各方面的英才不断涌现，让最活跃的因素最大限度地活跃起来，我们的现代化建设才能始终充满生机和活力。根据科学发展观的要求，发展我国科技教育事业，必须强调以人为本，一切为了人民，一切服务于人民；同时，大力发展科技教育事业，是实现人的全面发展的重要条件，是落实以人为本的重要举措。人类有着无限的智慧和创造力，这是文明进步不竭的动力源。开发人力资源，加强人力资源建设，已成为关系当今各国发展的重大问题。我们要大力实施人才强国战略，为全面建设小康社会提供坚强的人才保证和智力支持。发展教育事业，使公民接受良好教育，既是公民的基本权利，又是实现人的全面发展的基础。发展科技事业，可以满足人们的生产和生活需要，提高人们的科技素质和创新能力，为实现人的全面发展服务。人才问题，是关系到国家盛衰、民族强弱和现代化建设成败的战略问题。人才是科技发展的根本，是科技创新的关键。要进一步在全社会形成尊重劳动、尊重知识、尊重人才、尊重创造和促进人的全面发展的科学理念、政策环境和社会氛围。要坚持立足创新实践和事业发展识别、培养、凝聚人才，促进各类人才特别是青年人才脱颖而出，努力建设适应我国经济社会发展需要的高素质科技创新队伍。要关心各方面人才的工作生活，切实帮助他们解决实际问题。要欢迎广大海外留学生和学者，以各种方式为祖国发展做出贡献。

五、努力实现全面建设小康社会的战略目标

联合国社会发展研究所早在1970年就对小康生活水平设计了一个指标系，它包括7个领域21个小类，分别就赤贫、贫困、小康、富裕四种类型定出了一个粗略的标准。根据这一思路，中国社科院的有关研究人员把2000年小康生活水平界定为下中等收入国家的平均水平。国家统计局小康课题组研究提出，小康社会起点水平人均GNP800美元是这样确定的：按当时的汇率水平，20世纪80年代初期，世界中等收入国家人均GNP的下限值是450美元，上限值是4 500美元，其中下中等收入国家平均水平为人均800美元，这就是我国在80年代初期提出到2000年底国民生产总值翻两番，实现人均国民生产总值800美元，达到小康水平的依据。该课题组还采用综合指数法，把全国小康标准与世界中等收入、下中等收入国家的平均水平进行定量比较，研究确定，小康的起点水平与世界下中等收入国家的平均水平相当。由于世界各国的发展水平在不断提高，世界银行对国际上不同组别国家的划分标准不断提升，所以，小康社会起点水平的国际对照标准也应该相应调整。不应该把人均GNP800美元固定下来，而应该根据世界经济发展水平的提升在具体的数值上作相应调整。根据世界银行2002年《世界发展报告》，2000年中国人均国民总收入（GNP）为840美元，处在世界中下收入国家的行列，但人均GNI水平仍然达不到下中等收入国家1 140美元的平均水平，与世界下中等收入国家平均水平还有近三分之一

的距离，达不到原定的小康社会起点水平的国际对照标准。

中国有关部门参照国际上常用的衡量现代化的指标体系，考虑中国国情，从十个方面形成了全面建设小康社会的基本标准：一是人均国内生产总值超过3 000美元。这是实现全面建设小康社会目标的根本标志。2000年，我国人均国内生产总值为854美元。按照国内生产总值翻两番的发展速度测算，到2020年，中国人均国内生产总值将超过3 000美元，达到当时中等收入国家的平均水平。二是城镇居民人均可支配收入1.8万元（2000年不变价，下同）。三是农村居民家庭人均纯收入8 000元。四是恩格尔系数低于40%。五是城镇人均住房建筑面积30平方米。近10年每人年均增加0.5平方米。六是城镇化率达到50%。七是居民家庭计算机普及率20%。八是大学入学率20%。九是每千人医生数2.8人。十是城镇居民最低生活保障率95%以上。

我国小康社会的发展任重而道远，我国在发展的各个阶段都在不断地强调要全面实现小康社会的宏图大志。新中国成立以后，毛泽东最早提出了“四个现代化”的奋斗目标。1979年是我国改革开放的关键之年，邓小平在会见日本首相大平正芳时，第一次用“小康之家”四个字来解释我国即将奔赴的四个现代化的最终目标。1982，党的十二大正式提出其宏伟蓝图，即到20世纪末要使人民生活达到小康水平。1987年，党的十三大在确认邓小平提出的“三步走”战略时，正式把实现小康作为第二步的战略目标。1997年江泽民在党的十五大报告中提出“建设小康社会”的历史新任务。2002年党的十六大正式召开，江泽民在党的十六大报告中，进一步明确了今后二十年全面建设小康社会的任务，他强调指出：“经过全党和全国各族人民的共同努力，我们胜利实现了现代化建设‘三步走’

战略的第一步、第二步目标，人民生活总体上达到小康水平。”十六大报告关于全面建设小康社会这一重要阶段及其发展目标和规划部署的论述，说明我们党对中国社会主义现代化建设规律有了新的更加深入的认识。这是对邓小平关于“三步走”战略思想的丰富和发展。认真学习并深入贯彻十六大报告的这些重要论述，对于贯彻落实“三个代表”重要思想，全面规划党和国家未来进一步发展的蓝图，明确目标和任务，继续保持拼搏奋进的精神，坚定、扎实、稳妥地向富强民主文明的社会主义现代化目标迈进，具有重要意义。

党的十六大报告指出：“必须看到，我国正处于并将长期处于社会主义初级阶段，现在达到的小康还是低水平的、不全面的、发展很不平衡的小康，人民日益增长的物质文化需要同落后的社会生产之间的矛盾仍然是我国社会的主要矛盾。”党的十六大可以说是我国全面建设小康社会的里程碑。党的十六大召开之前，截止到2000年，我国社会小康水平的实现程度整体上只有96%，同时仍有三个指标还没达到小康标准：即农民人均纯收入只实现原计划小康指标的85%；农村初级卫生保健基本合格县比重仅实现原指标的80%；人均蛋白质日摄入量只实现了原指标的90%。城乡之间在实现小康目标上存在着明显的差距，农村是难点。从地区看，中国大陆31个省（直辖市、自治区）中，有15个省（直辖市、自治区）小康实现程度在90%以上，9个省市区在80%～90%之间，7个省市区不到80%。东部地区小康实现程度为98%，中部地区实现程度为94%，西部地区实现程度为84%。在全面建设小康社会的道路上，还存在着发展的不平衡的问题，其主要表现在城乡不平衡、地区不平衡和收入差距的不平衡等方面。从城乡来看，城市进入小康比重大，农村进入小康比重小。从地区看，东部地区进入小康的比重大，中西部地区则比重小。从收入来看，高中低不同收入群体之间差距扩大。据统计，到2000年底，在全国除市辖区以外的2 000多个县级单位中，未达温饱线的占22.8%，居温饱线和小康线之间的占63.2%，居小康线和比较富裕线之间的占13.7%，达到比较富裕线的只占0.3%。从人口看，2000年全国基本达到小康水平的占74.8%，接近小康水平的占12.8%，还有12.4%的人口未达温饱标准。十六大正是基于我们现在达到的小康还是低水平的、不全面的、发展很不平衡的小康，明确提出要全面建设一个惠及十几亿人口的更高水平的小康社会，使我们的“经济更加发展、民主更加健全、科教更加进步、文化更加繁荣、社会更加和谐、人民生活更加殷实。”这就是说，要在总体达到小康水平的基础上，努力把小康社会建设得水平更高，内容更全面，惠及全体人民。

在深入的认识到我国全面建设小康社会存在的问题之后，2002年，党的十六大召开，我们深入贯彻落实十六大的各项方针和政策，更加重视全面建设小康社会这一现实问题。江泽民在党的十六大报告中指出：“全面建设小康社会，最根本的是坚持以经济建设为中心，不断解放和发展社会生产力。根据世界经济科技发展新趋势和我国经济发展新阶段的要求，本世纪头二十年经济建设和改革的主要任务是，完善社会主义市场经济体制，推动经济结构战略性调整，基本实现工业化，大力推进信息化，加快建设现代化，保持国民经济持续快速健康发展，不断提高人民生活水平。前十年要全面完成“十五”计划和2010年的奋斗目标，使经济总量、综合国力和人民生活水平再上一个大台阶，为后十年的更大发展打好基础。”

江泽民在党的十六大报告中还提出了要想全面建成小康社会，我国经济建设和改革八个方面的任务：第一，走新型工业化道路，大力实施科教兴国战略和可持续发展战略。21 世纪是人才的竞争，科教兴国是国家发展的方针大计，在工业发展上，不能走传统的先污染后治理的工业化老路。他提出我国要坚持以信息化带动工业化，以工业化促进信息化，走出一条科技含量高、经济效益好、资源消耗低、环境污染少、人力资源优势得到充分发挥的新型工业化道路。

第二，全面繁荣农村经济，加快城镇化进程。城乡发展二元化是我国的独有特征，这一特征也是我国目前在发展中面临的问题，要想解决这一问题，发展繁荣农村经济，从农业农村、农民入手是根本。要加大统筹城乡发展力度，增强农村发展活力，逐步缩小城乡差距，促进城乡共同繁荣。坚持工业反哺农业、城市支持农村和多予少取放活方针，加大强农惠农富农政策力度，让广大农民平等参与现代化进程、共同分享现代化成果。加快发展现代农业，增强农业综合生产能力，确保国家粮食安全和重要农产品有效供给。我们要在解决农民所面临的基本问题的基础上，利用我国农业所具备的人力资源和自然资源方面的优势加速现代农业的建设。

第三，积极推进西部大开发，促进区域经济协调发展。要想实现全面建设小康社会，区域间的协调发展十分必要。我们允许一部分人、一部分地区先富裕起来，让先富裕起来的带动后富裕起来的，实现共同富裕。我们要加大西部地区、东北老工业基地和中部地区投资、建设的力度，加强东、中、西部经济交流和合作，实现优势互补和共同发展，形成若干各具特色的经济区和经济带。

第四，坚持和完善基本经济制度，深化国有资产管理体制改革。江泽民同志在党的十六大报告中强调：“第一，必须毫不动摇地巩固和发展公有制经济。第二，必须毫不动摇地鼓励、支持和引导非公有制经济发展。第三，坚持公有制为主体，促进非公有制经济发展，统一于社会主义现代化建设的进程中，不能把这两者对立起来。各种所有制经济完全可以在市场竞争中发挥各自优势，相互促进，共同发展。”

第五，健全现代市场体系，加强和完善宏观调控。在全面落实市场经济的经济体制框架下，我们要尊重价值规律，尊重市场的主体地位，突出强调市场在资源配置中的基础性作用，建立和健全一个统一、开放、竞争、有序的现代市场体系。同时，在市场经济体制作用的基础上，完善政府的宏观调控功能，加强政府在经济调节、市场监管、社会管理和公共服务的职能，完成经济社会经济增长，物价稳定，充分就业、国际收支平衡这四大宏观调控目标。

第六，深化分配制度改革，健全社会保障体系。分配的公平和效率是保障社会稳定的前提。在分配的时候，要按照劳动、资本、技术和管理才能等生产要素均能实现按贡献参与分配的原则，本着按劳分配为主体、多种分配方式并存的分配制度。在分配的时候多劳多得、少劳少得，摒弃平均分配、吃大锅饭的原则，通过分配制度调动广大人民群众的积极性。鼓励一部分人通过诚实劳动、合法经营先富起来，加强政府对收入分配的调节职能，调节差距过大的收入。对于非法收入，要坚决取缔和杜绝，在人民的收入分配上，扩大中等收入者比重，提高低收入者收入水平。为了实现人民的安居乐业，无后顾之忧，实现国家的长治久安，我们还要建立健全同经济发展水平相适应的社会保障体系。江泽民同志在十六大报告中提出：“坚持社会统筹和个人账户相结合，完善城镇职工基本养老保险制度和基本医疗保险制度。健全失业保险制度和城市居民最低生活保障制度。有条件的地方，探索建立农村养老、医疗保险和最低生活保障制度。”

第七，坚持“引进来”和“走出去”相结合。世界俨然已经成为了地球村，在经济全球化、政治一体化的背景下，任何一个国家和地区的经济要获得快速发展，都不可能闭关锁国，“万事不求人”。中国的发展离不开世界，这就需要扩大开放，将国外先进的技术、经验、人才“引进来”，以获得外部的资金、技术、管理经验等，为我所用。除“引进来”之外，我国还要加强经济发展上的“走出去”战略，充分利用资源的优势，开展境外资源开发和利用，到海外进行国内紧缺资源的项目投资，逐步建立一批战略性资源开发生产供应基地。推动境外加工贸易发展，支持到境外投资办厂，以带动国内相关行业的技术、设备及劳务输出，大力发展对外承包劳务合作，鼓励优势国有企业和有实力、有信誉的民营企业带资承包工程。积极利用国外科技资源，在境外科技资源密集的地方设立研发机构和高新技术企业，利用当地科技智力资源和研发设施，开发具有自主知识产权的新技术、新产品。

第八，千方百计扩大就业，不断改善人民生活。抓好就业和社会保障工作，事关改革、发展、稳定的大局，各级政府各部门必须高度重视，认真把扩大就业和社会保障工作列入宏观经济调控的重要目标，作为对经济工作的考核内容，进一步解决好新形势下的就业和社会保障问题。我们要为适龄就业人员积极拓展就业渠道，大力发展服务业、中小企业，发挥其在扩大就业中的重要作用。认真落实各项就业和再就业政策，鼓励自谋职业和自主创业，积极支持和引导农村劳动力合理和有序向外省输出，重视做好下岗职工的安置和再就业工作。在全社会范围内加快完善社会保障体系，扩大社会保险覆盖面，提高资金的征缴率。要特别关注弱势群体的生活，建立和完善社会救助体系，落实优抚安置政策，切实保障社会特殊群体和特困家庭的基本生活。通过各方的不断努力，改善人民生活，实现经济的共同繁荣。

当今世界正处在大发展大变革大调整时期，我们面临的机遇和挑战前所未有，树立和落实科学发展观，是全面建设小康社会的必然要求，是全党的一项十分重要而紧迫的艰巨任务。党的十六大已经将全面发展小康社会进行全面而深入的部署，在此基础上，根据我国经济社会发展实际，党的十七大又对全面建设小康社会提出了新的要求。胡锦涛在十七大报告中谈到实现全面建设小康社会奋斗目标的新要求时说："我们必须适应国内外形势的新变化，顺应各族人民过上更好生活的新期待，把握经济社会发展趋势和规律，坚持中国特色社会主义经济建设、政治建设、文化建设、社会建设的基本目标和基本政策构成的基本纲领，在十六大确立的全面建设小康社会目标的基础上对我国发展提出新的更高要求。"党的十七大从五个方面提出了建设小康社会的要求。一是要增强发展协调性，努力实现经济又好又快发展。转变发展方式取得重大进展，在优化结构、提高效益、降低消耗、保护环境的基础上，实现人均国内生产总值到 2020 年比 2000 年翻两番。社会主义市场经济体制更加完善。自主创新能力显著提高，科技进步对经济增长的贡献率大幅上升，进入创新型国家行列。居民消费率稳步提高，形成消费、投资、出口协调拉动的增长格局。城乡、区域协调互动发展机制和主体功能区布局基本形成。社会主义新农村建设取得重大进展。城镇人口比重明显增加。二是要扩大社会主义民主，更好保障人民权益和社会公平正义。公民政治参与有序扩大。依法治国基本方略深入落实，全社会法制观念进一步增强，法治政府建设取得新成效。基层民主制度更加完善。政府提供基本公共服务能力显著增强。三要加强文化建设，明显提高全民族文明素质。社会主义核心价值体系深入人心，良好思想道德风尚进一步弘扬。覆盖全社会的公共文化服务体系基本建立，文化产业占国民经济比重明显提高、国际竞争力显著增强，适应人民需要的文化产品更加丰富。四要加快发展社会事业，全面改善人民生活。现代国民教育体系更加完善，终身教育体系基本形成，全民受教育程度和创新人才培养水平明显提高。社会就业更加充分。覆盖城乡居民的社会保障体系基本建立，人人享有基本生活保障。合理有序的收入分配格局基本形成，中等收入者占多数，绝对贫困现象基本消除。人人享有基本医疗卫生服务。社会管理体系更加健全。五要建设生态文明，基本形成节约能源资源和保护生态环境的产业结构、增长方式、消费模式。循环经济形成较大规模，可再生能源比重显著上升。主要污染物排放得到有效控制，生态环境质量明显改善。生态文明观念在全社会牢固树立。到 2020 年全面建设小康社会目标实现之时，我们这个历史悠久的文明古国和发展中社会主义大国，将成为工业化基本实现、综合国力显著增强、国内市场总体规模位居世界前列的国家，成为人民富裕程度普遍提高、生活质量明显改善、生态环境良好的国家，成为人民享有更加充分民主权利、具有更高文明素质和精神追求的国家，成为各方面制度更加完善、社会更加充满活力而又安定团结的国家，成为对外更加开放、更加具有亲和力、为人类文明作出更大贡献的国家。

2012 年 11 月 8 日，胡锦涛在十八大报告中提出：“根据中国经济社会发展实际，要在十六大、十七大确立的全面建设小康社会目标的基础上努力实现新的要求，要从五个方面加大改革力度，实现全面建成小康社会的新要求。第一，经济持续健康发展。转变经济发展方式取得重大进展，在发展平衡性、协调性、可持续性明显增强的基础上，实现国内生产总值和城乡居民人均收入比 2010 年翻一番。第二，人民民主不断扩大。民主制度更加完善，民主形式更加丰富，依法治国基本方略全面落实，法治政府基本建成，司法公信力不断提高，人权得到切实尊重和保障。第三，文化软实力显著增强。社会主义核心价值体系深入人心，文化产业成为国民经济支柱性产业，社会主义文化强国建设基础更加坚实。第四，人民生活水平全面提高。基本公共服务均等化总体实现，全民受教育程度和创新人才培养水平明显提高，就业更加充分，收入分配差距缩小，社会保障全民覆盖。第五，资源节约型、环境友好型社会建设取得重大进展。全面建成小康社会，必须以更大的政治勇气和智慧，不失时机深化重要领域改革，坚决破除一切妨碍科学发展的思想观念和体制机制弊端，构建系统完备、科学规范、运行有效的制度体系，使各方面制度更加成熟更加定型”，“要加快完善社会主义市场经济体制，完善公有制为主体、多种所有制经济共同发展的基本经济制度，完善按劳分配为主体、多种分配方式并存的分配制度，完善宏观调控体系，更大程度更广范围发挥市场在资源配置中的基础性作用，完善开放型经济体系，推动经济更有效率、更加公平、更可持续发展。加快推进社会主义民主政治制度化、规范化、程序化，从各层次各领域扩大公民有序政治参与，实现国家各项工作法治化。加快完善文化管理体制和文化生产经营机制，基本建立现代文化市场体系，健全国有文化资产管理体制，形成有利于创新创造的文化发展环境。加快形成科学有效的社会管理体制，完善社会保障体系，健全基层公共服务和社会管理网络，建立确保社会既充满活力又和谐有序的体制机制。加快建立生态文明制度，健全国土空间开发、资源节约、生态环境保护的体制机制，推动形成人与自然和谐发展现代化建设新格局。"

胡锦涛在党的十八大报告中强调指出："综观国际和国内的大势，我国发展仍处于可以大有作为的重要战略机遇期。我们要准确判断重要战略机遇期内涵和条件的变化，全面把握机遇，沉着应对挑战，赢得主动，赢得优势，赢得未来，确保到2020年实现全面建成小康社会宏伟目标。"

从十六大提出"全面建设小康社会"到十八大提出"全面建成小康社会"，虽然在说法上仅仅变动了一个字，但在意义上变化巨大，可以说是质的提升，它从更深的层次上体现了党和人民的决心。全面建成小康社会是中国共产党人应该为人民所承诺和所奉献的担当。中国共产党人通过不懈的努力把一个闭关锁国、贫穷落后的旧中国引向了光明之路。全面建成小康社会，最终实现共产主义，反映了最广大人民群众的根本利益和迫切愿望，是中国共产党人的最终奋斗目标。中国共产党代表的是中国最广大人民的根本利益，要想群众之所想，急群众之所急。全面建成小康社会是摆在全党面前的一项最为紧要的任务，同时又是一项复杂而又艰巨的任务。胡锦涛强调，如期全面建成小康社会任务十分艰巨，全党同志一定要埋头苦干、顽强拼搏。把人民群众关切的事办好，把可持续发展的基础打牢，在中国特色社会主义道路上乘胜前进，稳步前进，努力奋斗，向全国各族人民交上一份满意的答卷！我们一定要紧密团结在以习近平同志为总书记的党中央周围，高举邓小平理论和"三个代表"重要思想伟大旗帜，牢固树立和全面落实科学发展观，解放思想、实事求是、与时俱进，为夺取全面建设小康社会、加快推进社会主义现代化的新胜利而努力奋斗。

30多年前，邓小平把中国现代化发展的国家纲领和百姓的梦作了最好的结合，叫做建设小康社会。30 多年后，党的十八大报告提出了全面建设小康社会，承前启后，高度凝聚人心，也是因为它真实地反映了当下老百姓心底的期盼。全面建设小康社会之梦，关键在“全面”二字。“全面”有两个重要涵义，一是社会涵盖之全面，所有社会人群统统都能过上小康和富裕生活；二是小康内容之全面，不仅有物质生活方面的内容，还有精神文化和政治生活方面的东西，更必须有生态环境方面的硬指标。实现全面建设小康社会之梦，难点在于政府目标和百姓期盼的共识与融合。强国和富民都是中国梦的题中应有之义，但在发展中怎样合理摆放是我们要考虑的问题，如果说在国家工业化初始时期，以及在改革开放后的较长时间里，由于发展的需要，强国的目标应优先考虑。我们应抓住历史发展机遇，努力实现全面建设小康社会的宏伟战略目标，实现中华民族的伟大复兴，实现习总书记提出的“中国梦”。

第三章
以人为本是科学发展观的核心立场

《树立和落实科学发展观》牢牢抓住以人为本这个科学发展观的核心，强调以人为本就是以最广大人民的根本利益为本。以人为本体现了立党为公、执政为民的本质要求；以人为本就是坚持发展为了人民、发展依靠人民、发展成果由人民共享；以人为本要求把促进经济社会发展与促进人的全面发展统一起来，从而深刻揭示并阐释了科学发展观所充分体现的我们党坚持以最广大人民群众根本利益为基本出发点和落脚点的鲜明政治立场。只有深刻理解以人为本，才能全面把握科学发展观的精神实质和科学内涵，切实做到以科学发展观统领经济社会发展全局，将科学发展观落实到经济社会发展各个方面。

胡锦涛同志在党的十八大报告中指出："为人民服务是党的根本宗旨，以人为本、执政为民是检验党一切执政活动的最高标准。"我们的一切活动都要以人民满意为目标，尊重人民群众的首创精神，保障人民群众最根本的利益。我们坚持走中国特色的社会主义道路，坚持科学发展观，其中发展是第一要义，但是发展的目的就是为了人民的利益，我们要清晰地了解：发展是为了人民、发展要依靠人民、发展成果要由人民共享。也就是说，发展不仅仅是为了经济成果的丰硕，国家综合实力的增强，也不仅仅是为了国民生产总值的提升，更是为了人民谋福利。在过去的 90 多年里，中国共产党来自于人民、依靠着人民，凭借人民群众的支持和鼓励勇往直前，其所经历的新民主主义革命、社会主义革命也是为了人民的安居乐业。面对世情、国情、党情的变化，面对经济全球化、经济一体化、政治一体化等复杂的国际经济、政治形势，面对严峻的执政考验，十八大报告为全党指明了方向：只有更加忠实地为人民服务，继续执好政、用好权，才能最大程度地凝聚共识、砥砺前行。我们现在总是在谈发展，首先要明确的就是如何发展。发展的目的是要为民、惠民，所以任何时候不能以牺牲老百姓的切身利益为代价；发展的最终目的是为了造福人民大众、普通百姓。由此可见，科学发展的核心和本源是人民大众，即“以人为本”。正是这一核心的确立，使未来中国经济发展路线“国富民强，人民安乐”变得更加清晰。

一、以人为本的科学内涵

科学发展观的第一要义是发展，核心是以人为本，基本要求是全面协调可持续发展。以人为本是科学发展观的核心内涵，这一核心内涵体现了中国共产党人坚持全心全意为人民服务的根本宗旨，我们必须牢记中国共产党的全心全意为人民服务的这一根本宗旨，把握党的群众工作的规律性。在坚持“以人为本”为群众谋发展时，坚持人民利益至上，把为人民谋利益作为自己应尽的义务，加强马克思主义群众观点的再教育，使广大党员干部把群众观点的基本要求吸收消化为自己主动的行为。同时也必须坚定群众立场，始终站在最广大人民群众的一边，摆正同人民群众的关系，把人民群众当做主人效命、当做亲人关爱、当做老师学习，做到思想上尊重群众、感情上贴近群众、工作上依靠群众。以人为本要求一切活动均要从人民群众的切身利益、根本利益出发，让发展成果惠及全体人民。

以人为本主要强调人的作用，这一科学概念强调了依靠人、尊重人、为了人的价值取向；强调了人在社会发展中的主体地位和历史作用。历史的进步和社会的发展都离不开人，同样一切活动也都是为了人，这里的人就是我们的人民群众。

以人为本的科学内涵可以从以下几个方面来进行理解：

第一，“以人为本”是历史唯物主义的一项基本原则。我国古代思想家早就提出“民惟邦本，本固邦宁”“天地之间，莫贵于人”的思想。从历史唯物主义的角度，人是与神和物相对立的，所以“以人为本”的对立面就是“以神为本”和“以物为本”。中国共产党一直强调人民群众的重要性，我们所做的一切工作都是为了群众，同时也相信依靠人民群众的力量能解决一切问题。遇到困难凭借人民群众的齐心合力定能去解决和渡过难关，不靠祈祷、烧香拜佛，不信仰神灵，摒弃封建迷信；同时在人和物的贵贱程度上，自古以来就有人贵于物的思想。《论语》记载，孔子家的马棚失火，孔子退朝回来就问：伤着人了吗？而没有先问马怎么样。这就是著名的“问人不问马”典故，其所传递的也是“人本”理念，这一理念至今仍可为“以人为本”的典范。中国共产党一直教育全党同志，在思想上，必须明确人民群众是创造历史的英雄，是历史发展的根本动力，要求在全党和全社会范围内形成全心全意为人民服务的风尚。改革开放以来，新的历史条件不断涌现，在这些新的条件下，“以人为本”更显其重要性。我国正处于一个比较特殊的阶段，即社会主义初级阶段，正处于不断发展和改革之中，我们要不断的开拓进取去发展这一阶段，开拓进取也正是需要依靠人民群众的力量，只有大家齐心努力才能将这一初级阶段平稳的过渡好、发展好；其次，我国打破原有的计划经济走市场经济之路，在发展中遇到了很多新的问题，比如市场机制下的人们对利润最大化的认识、人们的思想观念的转变、人们的社会结构重新划分等，整个社会开始变得多样化，甚至彼此有了矛盾和冲突等，这些问题统统都可以归结为人的问题，解决方法也只有一个，从人下手来解决，同样也强调的是“以人为本”。

人民群众是历史的开创者和推动者，是社会财富的创造者，推动着社会的发展和进步。马克思主义指出是人民创造了社会的物质财富和精神财富，是社会的主导者，从而第一次把以人为本的思想建立在历史唯物主义的科学基础之上，成为指导无产阶级改造客观世界和主观世界的一项重要思想原则。马克思和恩格斯创立的唯物史观中包含有丰富的人本思想，虽然他们并没有提出“以人为本”的观点，但我们认为其思想的精髓就是人本思想的“以人为本”。马克思主义唯物史观本质上是“以人为本”的历史发展观。马克思指出，人的本质在其现实性上来说就是全部社会关系的总和，历史就是通过人们的各项活动而实现他们自身发展的历史。马克思主义理论就是从现实的人出发，以现实的人为依据，以现实的人的发展为目的的社会发展理论。人是社会历史发展的决定性因素，是社会历史发展的主体，离开了人，任何发展都是不可能的。

第二，“以人为本”指明了发展的根本出发点和落脚点。坚持“以人为本”，就是坚持发展为了人民。在党的十八大报告中，“人民”这一词出现了145次，以人为本的理念犹如一条红线贯穿党的十八大报告的始终。人民幸福，是中国共产党人始终不渝追求的目标。顺应人民共同愿望才能使我国人民生活水平快速提高起来。以人为本是科学发展观的根本目的。为谁发展、靠谁发展、发展成果如何分配，这是任何一种发展观都必须回答和解决的基本问题。以人为本之所以是科学发展观的核心，就是因为科学发展观对这些问题的回答处处贯穿人本理念。第一，在回答在为谁发展上，科学发展观明确地回答了发展就是为了人民，为了人民的安居乐业，为了人民的物质文化水平和精神文化水平层次的提升，科学发展的最终目的就是为了人民的满意，我们采用科学发展观发展成果均有人民共享，发展就是为了给人民交上一份合格的答卷。其次，在靠谁发展上，科学发展观强调坚持发展依靠人民，就是要尊重人民主体地位，发挥人民群众的创造精神，我们的发展是为了让群众满意，但我们不能搞“尾巴主义”，也就是不能做群众的尾巴，不能一切听之任之，不能群众走到哪我们不加分析的跟到哪，我们要率领和带动群众，让群众自己动手解决实际困难。依靠群众、相信群众、凭借群众自己的力量去解决一切难题，不管到何时，群众都是历史发展和变革的主体。其三，在发展成果如何分配上，科学发展观强调坚持发展成果由人民共享，就是要走出共同富裕道路，把改革发展取得的各方面成果，体现在不断提高人民的生活质量和健康水平上，体现在不断提高人民的思想道德素质和科学文化素质上，体现在充分保障人民享有的经济、政治、文化、社会等各方面权益上，让发展成果惠及广大人民群众。科学发展观对为谁发展、靠谁发展、发展成果如何分配这三个问题的回答，深刻体现了科学发展观的宗旨：就是要把实现好、维护好、发展好最广大人民的根本利益，作为党和政府一切方针政策和各项工作的根本出发点和落脚点，坚持把人民拥护不拥护、赞成不赞成、高兴不高兴、答应不答应作为衡量一切决策和工作的标准，把发展的目的真正落实到满足人民需要、实现人民利益、提高人民生活水平上。

第三，“以人为本”揭示了发展的根本动力。坚持“以人为本”，就是坚持发展依靠人民。人是发展的根本目的，也是发展的根本动力。不论是经济发展，还是文化发展，都要依靠广大人民群众来进行。人民群众是推动历史车轮前进的根本动力，是我们党的智慧和力量的源泉，保持党同人民群众的血肉联系，尊重群众的首创精神，始终是党战胜各种艰难险阻，解决各种难题，不断取得进步和成功的根本保证。经济社会的发展，全面小康社会的实现，中华民族的伟大复兴，必须紧紧依靠全国各族人民，激发他们的聪明才智，发挥他们的创造才能来进行改革创新，奋发进取。忆过去，我们对党和人民创造的历史伟业倍加自豪，对党和人民确立的理想信念倍加坚定；论未来，全党一定要牢记人民的信任和重托，更加奋发图强、勤勤恳恳地工作。说科学发展，必须更加自觉地把“以人为本”作为深入贯彻落实科学发展观的核心立场，始终把实现好、维护好、发展好最广大人民根本利益作为党和国家一切工作的出发点和落脚点；谈夺取中国特色社会主义新胜利的基本要求，最重要的就是必须坚持人民主体地位，规划全面建成小康社会的目标。坚持“以人为本”，我们要始终做到一切为了群众，一切依靠群众，从群众中来，到群众中去，与群众一道破解难题、推动科学发展。我们还要同广大人民群众增进感情，坚持以人为本、执政为民，树立正确的权力观、政绩观，牢记权为民所赋、权为民所用，始终与人民群众同呼吸、共命运、心连心。坚持“以人为本”，就是要坚定不移地贯彻党的群众路线，无论在任何情况下，都要相信群众，依靠群众。在社会主义事业欣欣向荣、蓬勃发展的新时期，坚持“以人为本”，还要特别强调坚持“以人才为本”。人才作为一种特殊的资源，我们要合理的去开发和利用，在运用人才上，以能力建设为核心，切实解决人才总体不够用，某些领域人才短缺、某些领域人才过剩的问题。人才工作分四步走，即：发现人才、引进人才、培养人才和使用人才。无论是发现、引进还是培养，最终目的都是为了更好地使用人才。人才工作只有“以人为本”，以使用为本才能使人才得到培养锻炼，不断提高素质能力、实现人才的合理发展和全面发展；才能体现其价值、发挥其效能，更好地为科学发展观、为人民服务，为社会主义建设、为和谐社会服务，成为经济社会进步的重要推动力量。坚决破除束缚人才发展的观念和体制机制障碍，才能最大限度地发掘人才、激发人才的创造活力，使全社会创新智慧竞相迸发。

第四，“以人为本”扬弃了传统文化中的民本思想，彰显了共产党人立党为公、执政为民的执政理念。以人为本是指人与物的关系，以民为本则是指人与人、君与民、官与民的关系。作为执政党，我们也讲“民”，“权为民所用，情为民所系，利为民所谋”。坚持“以人为本”，就是坚持民本位，反对官本位，就是坚持立党为公，执政为民，坚持全心全意为人民服务的根本宗旨，在全党上下开展群众路线的感召和影响下，我们要驱除官僚主义、享乐主义、形式主义、奢靡之风等不正之风，共产党人要做到照镜子、正衣冠、洗洗澡、治治病，做到为民、务实、清廉的执政要求。有问题及时发现，听取群众的宝贵意见。党的根本宗旨是全心全意为人民服务，它是树立、实践共产主义理想信念的基石，同时又在理想信念的指引下，在为人民做好事、服好务的实践中得到进一步的升华。在建设中国特色社会主义的进程中，我们党努力解决好为谁执政、怎样执政和靠什么执政的问题，使党始终成为立党为公、执政为民的执政党；成为科学执政、民主执政、依法执政的执政党；成为求真务实、开拓创新、勤政高效、清正廉洁的执政党。坚持和发展人民民主，领导和支持人民当家作主；从群众中汲取智慧和力量；坚持

“以人为本”，不断满足人们的多方面需求和促进人的全面发展；以大局为重，正确处理个人与国家、个人与集体的关系，权为民所用、情为民所系、利为民所谋，严于律己、清正廉洁、不辱使命。立党为公、执政为民，坚持尊重社会发展规律与尊重人民历史主体地位的一致性，坚持完成党的各项工作与实现人民利益的一致性。

第五，“以人为本”就是要尊重和保障人权，维护人的合法权益，满足人的合理需求。依法尊重和保障人权是确保社会和谐稳定的重要前提。党的十八大报告指出：“全面推进依法治国”，“加快建设社会主义法治国家”，将“依法治国基本方略全面落实，法治政府基本建成，司法公信力不断提高，人权得到切实尊重和保障”确立为全面建成小康社会和全面深化改革开放的目标之一。报告通篇闪耀着民主法治精神。我国正行进在“以人为本”的科学发展时代，法治的真谛是保障人权，人权加法治等于民主。社会主义和谐社会是人人各尽所能、各得其所而又和谐相处的社会，是公平与正义彰显的社会，是人们懂得合法地维护自身利益，又能够理性地尊重他人权益的社会。因此，只有将科学发展的人权观念深入人心、公民人权意识普遍提高，人民的权利得到保护，人格得到尊重，社会生活才能真正走上和谐，中国特色社会主义事业才能和谐发展。

第六，“以人为本”指明了发展的长远目标，即“走共同富裕道路，促进人的全面发展。这里面包括两层含义，一是共同富裕，二是全面发展，这两点都至关重要。首先，胡锦涛在党的十八大报告中指出：“必须坚持走共同富裕的道路。共同富裕是中国特色社会主义的根本原则。”共同富裕，是中国特色社会主义的重要内容和根本目的，也是社会主义最本质的规定，是建设富强民主文明和谐社会主义现代化国家的条件和要求。十八大报告强调指出：在新的历史条件下夺取中国特色社会主义的新胜利，必须牢牢地把握八项基本要求，其中重要的一项就是“必须坚持走共同富裕道路”。其次，依据历史唯物主义的基本原理，人的自由而全面发展的实现最终是以高度发达的社会生产力和经济文化发展水平为基础的，是我们努力为之奋斗的最高理想。实现人的全面发展将是一个漫长的历史过程。当前，我们正在进行的全面建设小康社会的努力，只要深入的贯彻落实了科学发展观，解放生产力、发展生产力，将生产力发展和经济文化发展均提升到高度发达的水平，就一定能实现这一目标。

最后，现阶段中国的各项建设必须奉行“以人为本”。国家主席习近平曾经说过：要坚持以人为本来建设美丽中国。金砖国家领导人第五次会晤2013年3月27日在南非德班举行，习近平出席并发表了题为《携手合作，共同发展》的主旨讲话。谈及中国的未来发展，习近平说，面向未来，中国将相继朝着两个宏伟目标前进：一是到2020年国内生产总值和城乡居民人均收入比2010年翻一番，全面建成惠及十几亿人口的小康社会；二是到2049年新中国成立100年时建成富强民主文明和谐的社会主义现代化国家。习近平说，为了实现这两大目标，我们将继续把发展作为第一要务，把经济建设作为中心任务，继续推动国家经济社会发展。我们将坚持以人为本，全面推进经济建设、政治建设、文化建设、社会建设、生态文明建设，促进现代化建设各个方面、各个环节相协调，建设美丽中国。习近平说，这一发展是开放的发展，我们将坚持对外开放的基本国策，坚持互利共赢的开放战略，不断提高开放型经济水平。习近平表示，为了实现这两大目标，我们需要良好外部环境。中国将继续奉行独立自主的和平外交政策，把中国人民利益同各国人民共同利益结合起来，继续同世界各国加强宏观经济政策协调，反对保护主义，改善全球经济治理，共同促进世界经济增长。

二、"以人为本"体现立党为公、执政为民的本质要求

党的十八大报告中指出：社会各项事业强调"民生"，干部选拔任用强调"民意"，法治建设强调"民主"。仅在最后党建部分，"人民"二字就出现20多次，十八大报告中明确指出："全党必须牢记，只有植根人民、造福人民，党才能始终立于不败之地"；"任何时候都要把人民利益放在第一位，始终与人民心连心、同呼吸、共命运，始终依靠人民推动历史前进"；"反对腐败、建设廉洁政治，是党一贯坚持的鲜明政治立场，是人民关注的重大政治问题。这个问题解决不好，就会对党造成致命伤害，甚至亡党亡国"；"必须增强宗旨意识，相信群众，依靠群众，始终把人民放在心中最高位置"。与"民"字相关的词汇成为十八大报告的"热词"，在报告的精神中，立党为公、执政为民的理念特别突出。

党和人民群众之间的关系被形象的比喻为九种。其一是鱼水说。鱼儿之所以能够生存，都是因为其生活在水里，共产党人是鱼，人民大众就好比是水。水里可以没鱼，鱼可是永远离不开水，我们对群众要深怀感激之情。要牢固树立"六民要旨"，即：民评民说是标准，民心民力是依靠，民意民声是依据，民愿民盼是方向，民惠民富是目标，民苦民痛是失职。二是血肉说。共产党人好比是肉，人民群众就是鲜活的血液，任何党员干部不管地位有多高，权力有多大，都没有资格凌驾于人民群众之上，共产党人与人民群众之间存在着颠扑不破的血肉情结，要始终与人民群众同呼吸、共命运、心

连心。三是船水说。古人曾说："水能载舟，亦能覆舟"，作为代表人民群众根本利益的共产党员，更要深刻认识到人民群众是"水"，我们是"舟"，船之所以能够顺风顺水，都是因为人民群众的支撑，要实现和维护好人民群众的根本利益。四是种子与土地说。共产党人好比种子，人民群众就是土地，离开了土地，再优良的种子也无法生长。要把以人为本、执政为民作为指引、评价、检验一切执政活动的最高标准。五是上帝说。做好群众工作，最根本的是维护和发展好群众利益。我们一定要把群众利益放在首位。对待群众像对待上帝一样的虔诚，群众的满意使我们终生奋斗的目标。六是学生说。广大党员干部要先做学生，在做先生，要学会扑下身子，问计于民，虚心诚恳向群众学习、请教，知民生、知民意然后在带领人民群众阔步前行。七是儿女说。人民群众对我们有养育之恩，焦裕禄曾经说过："我永远是人民的儿子!"我们一定要像对待自己的父母一样关爱人民群众。把人民放在心中最高位置，带着赤子之情，重心下移，深入实际，深入基层，深入群众。八是主仆说。每一位党员干部都要明白：我们党是为人民谋利益的政党，全心全意为人民服务是我们的宗旨，除了人民利益，我们别无私利；我们的政府是人民政府，我们手中的权力只能用来为人民谋利益、办实事。九是工具说。我们要让群众感到工具好使好用。否则，群众就会将我们丢弃。人民群众是我们力量的源泉和执政之基。决不能"公器"私用，为己谋利，要切实做到权为民所用、情为民所系、利为民所谋。

根据对党和人民群众这九种学说的理解，对于马克思主义执政党来说，坚持立党为公、执政为民是对其的基本要求。实现好、维护好、发展好最广大人民的根本利益，充分发挥全体人民的积极性来发展先进生产力和先进文化，始终是我们现在面临的最紧要的任务。建设中国特色社会主义是全国各族人民实现自己利益、创造美好生活的共同事业的前提，也是亿万人民群众广泛参与共建和谐家园的前提。广大人民群众是中国特色社会主义事业的主体，人民群众积极性、主动性、创造性的充分发挥是我们事业成功的保证。坚持以人为本，就要充分发挥人民群众的主人翁作用，让人民当家作主，营造充分发挥人民群众聪明才智的社会环境，不断增强全社会的创造活力，形成人人是主人，全体人民团结奋斗的强大力量。

中国共产党把全心全意为人民服务作为自己的根本宗旨，始终坚持人民的利益高于一切。党除了最广大人民的根本利益，没有自己的特殊利益，党的全部任务和责任，就是带领广大人民实现自己的利益。不管是战争年代浴血奋战推翻三座大山，还是新中国成立后，建立社会主义制度、开展大规模的社会主义建设，还是之后的改革开放和和现在的社会主义建设，归根到底都是为了人民的根本利益。坚持尊重社会发展规律和尊重人民历史主体地位的一致性，坚持为崇高理想奋斗和为最广大人民谋利益的一致性，坚持完成党的各项工作和实现人民利益的一致性，切实把立党为公、执政为民的要求具体地、深入地落实到党和国家制定和实施方针政策的工作中去，落实到各级领导干部的思想和行动中去，落实到关心群众生产生活的工作中去。

一切为了人民，一切依靠人民，是马克思主义政党最鲜明的政治立场。90 多年来，我们党之所以能北斗当空，砥柱中流，挽狂澜于既倒，纳百川而东之，就在于把“为人民服务”书写于党章、宣示于誓词、贯穿于行动，就在于把人民利益永远镌刻在党的旗帜上。老百姓是靠山，战争年代如此，建设年代也如此。一切为了人民，也必须紧紧依靠人民。人民群众始终是实践的主体，是历史的开创者也是一切利益的接受者，只有认真地总结群众经验，集中群众的智慧，才能形成正确的认识和决策，为群众指出正确的方向，带领群众前进；人民愿望，是改革之源；群众支持，是改革之基。以人为本是我们党的根本宗旨和执政理念的集中体现，是社会主义制度的本质特征，是全面建设小康社会、实现社会主义现代化的根本要求。

我们党领导人民进行改革开放和现代化建设的根本目的，是通过发展社会生产力，不断提高人民的物质文化生活水平，促进人的全面发展。我们建设有中国特色的社会主义的各项事业，我们进行的一切工作，既要着眼于人民现实的物质文化生活的需要，同时又要着眼于促进人民素质的提高，也就是要努力促进人的全面发展。”要想做到提高人民的物质文化水平，促进人的全面发展，还是要着眼于以人为本。首先，在经济上必须努力建设我们的小康社会，不断提高人民的物质生活水平。坚持贯彻党的富民政策，在发展经济的基础上，努力增加城乡居民的收入，逐步改善人们的吃、穿、住、行的条件，完善社会保障体系，改进医疗卫生条件，提高生活质量。通过一部分人、一部分地区诚实劳动、合法经营先富起来，先富带动后富，实现东西部经济的协调发展，逐步实现全体人民的共同富裕。其次，要在政治上保证人民群众依法管理好自已的事情，充分发挥人民群众的主观能动性和伟大创造精神，实现人民的愿望和利益。继续推进我们的政治体制改革，发展社会主义民主政治，健全社会主义法制，保证人民充分行使民主选择、民主决策、民主管理、民主监督的权利。第三，在文化上努力提高全民族的思想道德素质和科学文化素质，实现人们思想和精神生活的全面发展。要加强思想政治工作，发展教育科技事业，繁荣社会主义文化，使人人都有受教育的机会和享受文化成果的充分权利，使人们的精神世界更加充实、文化生活更加丰富多彩。不管怎样，国家的富裕，物质文化的发展，人民的安居乐业都要以以人为本作为根本前提。

做到立党为公、执政为民，坚持和发展人民民主至关重要。坚持和发展人民民主也是我们党立党为公、执政为民的本质要求和根本途径。首先要坚持人民执政、民主执政，健全民主制度，丰富民主形式，让符合条件的公民参与政治事务，并且做到政治事务的公开，保证人民依法实行民主选举、民主决策、民主管理、民主监督。其次，坚持和完善人民代表大会制度和共产党领导的多党合作和政治协商制度，使国家的立法、决策、执行、监督等工作更好地体现人民的意志，维护人民的利益。第三，要做到人民民主必须尊重和保障人权，保证人民群众的合法权益，通过立法使人民的权益得到保障，使人民真正的成为国家的主人。现在有很多地区能够做到政务公开，人民群众可以通过网络了解政务的根本动向，也可以通过公开政务的微博发表自己的意见和看法，这样更好地发挥了基层民主的作用，让我们更好地了解了人民的想法。第四，要做到人民民主，还要妥善协调各方面的利益关系，正确处理人民内部矛盾，这一点做得好坏与否是关系党和国家长治久安的全局性重大问题。要想妥善协调各方面的利益关系，就要正确反映和兼顾不同方面群众的利益，高度重视和维护人民群众最现实、最关心、最直接的利益，坚决纠正各种损害群众利益的行为。第五，要想做到群众满意，还要加强党风廉政建设，深入开展反腐败斗争。这几年党群关系不容乐观，连续几年我国都有大笔维稳费的支出。人民群众对执政党、对政府还是存在消极情绪。这大大地影响了党群关系以及和谐社会的建立。在这其中，群众不满的很大一部分原因在于我党内存在不良风气。党风廉政建设和反腐败斗争关系党的生死存亡。要把党风廉政建设和反腐败斗争作为提高党的执政能力、巩固党的执政地位的一项重大政治任务抓紧抓实。坚持标本兼治、综合治理，惩防并举、注重预防，抓紧建立健全与社会主义市场经济体制相适应的教育、制度、监督并重的惩治和预防腐败体系，并认真落实党风廉政建设责任制。以解决群众反映的突出问题为重点，坚决纠正损害群众利益的不正之风，加强对权力运行的制约和监督，保证把人民赋予的权力用来为人民谋利益。

三、怎样做到以人为本

坚持以人为本是树立和落实科学发展观的本质和核心。坚持以人为本，要求我们在发展中不能只见物不见人，只追求物质生产力的发展速度而不顾及或较少顾及人的生存条件、生活质量和人的素质改善和提高的程度。而是要一切以改善人的生存条件、提高人的物质生活、政治生活和精神生活的质量和推进人的全面发展为转移，也就是说所有的发展归根结底都要着眼于人，着眼于对人日益增长的物质和精神的，以及自身发展需要的满足。重视人也是中国古代的重要思想。

温家宝指出，以人为本，就是要把人民的利益作为一切工作的出发点和落脚点，不断满足人们的多方面需求和促进人的全面发展。具体地说，就是在经济发展的基础上，不断提高人民群众物质文化生活水平和健康水平；就是要尊重和保障人权，包括公民的政治、经济、文化权利；就是要不断提高人们的思想道德素质、科学文化素质和健康素质；就是要创造人们平等发展、充分发挥聪明才智的社会环境。他说，坚持以人为本，既是经济社会发展的长远指导方针，也是实际工作中必须坚持的重要原则。从全社会范围来看，要比较充分地满足人们多方面需求和实现人的全面发展，必须有相应的物质基础和社会条件，这只能是一个不断发展和进步的过程，不能要求过急。现在我国还处于社会主义初级阶段，无论生产力发展和物质财富的积累，还是生产关系和上层建筑的完善，满足人们的多方面需求和实现人的全面发展还不可能完全做到。要注意处理好人民群众根本利益和具体利益、长远利益和眼前利益的关系。同时也要看到，以人为本是我们的执政理念和要求，应当从现在的具体事情做起，贯穿到经济社会发展的各个方面，贯穿到我们的各项工作中去。

坚持以人为本，还要求我们在发展中高度重视和充分发挥人民群众的主体性作用，充分发挥人民群众的主体作用，就要切实维护并发挥好人民群众的主动性和创造性，尊重人民群众的首创，让他们大胆探索自己的幸福道路，使每个人在努力创造个人幸福生活的同时，也为增进全社会的幸福奉献心力，实现全体人民的共建共享。改革开放以来人民群众创新创业的伟大实践，是新时期充分发挥人民群众主体作用的宝贵财富。作为推动社会变革与社会进步的根本力量，毫无疑问，人民群众的主体作用发挥得越好，各级党组织的依靠力量就越强大。我们要最广泛最充分地调动一切积极因素，最大限度地发挥人的聪明才智、人的主动性和创造性，在全社会造成尊重劳动、尊重知识、尊重人才、尊重创造的制度和氛围，放手让一切劳动、知识、技术、管理和资本的活力竞相迸发，让一切创造社会财富的源泉充分涌流，以利于发展，以造福于人民。

坚持以人为本，也要求我们在发展中不断提高作为生产力中最活跃因素的人的素质，这是发展快慢、大小、好与不好的决定性因素。提高人的素质要靠教育和学习。要把教育摆在优先发展的战略地位，使人民享有接受良好教育的机会。要坚持教育创新，深化教育改革，全面推进素质教育，努力造就与经济社会发展需要相适应的数以亿计的高素质劳动者、数以千万计的专门人才和一大批拔尖创新人才。要努力形成全民学习、终身学习的学习型社会，促进人的全面发展。党的十八大，向世人展现了我国现代化建设跨世纪发展的宏伟蓝图，科学发展观为这一宏伟蓝图的实现指明了方向。而能否最终实现这一目标并在中华民族振兴史上写下灿烂与辉煌的一章，关键在人，在干部、在教育。邓小平说："中国的事情能不能办好，社会主义和改革开放能不能坚持，经济能不能快一点发展起来，国家能不能长治久安，从一定意义上说，关键在人。"江泽民也曾强调指出："大力加强干部队伍建设，提高广大干部特别是领导干部的素质，已经成为摆在全党面前的一项刻不容缓的重大任务。""刻不容缓"就是提高人的素质的紧迫性。

坚持以人为本，就是以促进人的全面发展为根本着眼点，努力实现经济、社会与人的全面、协调、可持续发展，或者说在不断推进物质文明、政治文明、精神文明的同时不断推进人的全面发展。人的本质并没有固化于某种确定性之中，它是一层层地平铺于具体的生命历史之中的，是不断发展、变化的。也就是说，社会发展了，人各个方面也应该随之发展。"人"是具体的人、现实的人、社会的人，不是抽象的人，人有自身的现实发展需求。人的内在的感情、精神以及价值、理想会随着社会的发展而发展，前者和后者是并驾齐驱的，而不是相互脱离的；人是推进经济社会发展的主体性力量和推进社会历史前进的动力，反过来，社会的进步和发展必然会推动人的全面进步和发展。科学发展观要求我们关心现实中人的利益，把人的利益当作工作的出发点和着眼点，这是人的本质的基本特性和根本要求。科学发展观的科学性就在于谋求经济、社会、自然和人的全面发展；这一发展观要求处理好经济社会发展与人的发展的关系，坚持以促进人的全面发展为根本着眼点，努力实现经济、社会与人的全面、协调、可持续发展，或者说在不断推进物质文明、政治文明、精神文明的同时不断推进人的全面发展；这一发展观坚持了人与社会的统一，人的发展与社会发展的统一，在经济社会发展过程中不断提高人的物质生活和精神生活水平，不断提高人的素质，努力做到经济社会的全面发展与人的全面发展相辅相成；这一发展观坚持了人与自然的和谐统一，努力实现经济、社会、人与自然的全面、协调、可持续发展，坚持了使人类社会的发展变化同自然界的发展变化相适应、相融合、相一致，尊重了人的现实的、内在的发展需要，实现了人的全面发展是科学发展的出发点和归宿的基本要求。

坚持以人为本，就是促进人与自然的和谐统一，努力实现经济、社会、人与自然的全面、协调、可持续发展，或者说使人类社会的发展变化同自然界的发展变化相适应、相融合、相一致。中国古代就有“天人合一”的伟大思想，主张人与自然相和谐，人类社会与自然界相统一。但是，由于人类生产活动的开展，而又如马克思所说“一切生产都是个人在一定社会形式中，并借这种社会形式而进行的对自然的占有”，这种和谐统一逐渐发生了变化，特别是进入资本主义大生产以后，人与自然的矛盾、对立和分裂日益明显，并且愈演愈烈，终于使人类不断受到自然界的抗拒和惩罚。人与自然的关系的历史昭告我们，人类社会要实现可持续发展，必须正确处理经济社会发展与人口、资源、环境的关系，促进人与自然的协调与和谐，使人们在优美的生态环境中工作和生活。中国作为一个正在崛起的发展中大国，在现代化进程中一定要汲取别国和本国在对待自然界方面的经验教训，注意控制人口，注意保护生态和环境，走经济、社会、人与自然和谐统一的可持续发展之路。

四、以人为本与中国特色社会主义

党的十七大报告指出："必须坚持以人为本。全心全意为人民服务是党的根本宗旨，党的一切奋斗和工作都是为了造福人民。要始终把实现好、维护好、发展好最广大人民的根本利益作为党和国家一切工作的出发点和落脚点，尊重人民主体地位，发挥人民首创精神，保障人民各项权益，走共同富裕道路，促进人的全面发展，做到发展为了人民、发展依靠人民、发展成果由人民共享。"以人为本，反映了党的根本宗旨的内在规定，也体现了党的执政理念的本质要求，但又不止于"为人民服务"和"执政为民"的思想；"尊重人民主体地位，发挥人民首创精神，保障人民各项权益，促进人的全面发展"，饱含新意。

（一）以人为本体现社会主义基本思想

邓小平提出建设有中国特色的社会主义，主要着眼于以下两点：一是中国必须坚持社会主义道路，二是要建设能够较快发展生产力，改善人民生活的社会主义。关于这两点，尤其是后者，邓小平反复作了深刻的阐述。邓小平说："经济长期处于停滞状态总不能叫社会主义；人民生活长期停止在很低的水平总不能叫社会主义。"邓小平不是在一般意义上，而是从是不是社会主义的高度，来阐述问题的。他的名言就是：贫穷不是社会主义，社会主义要消灭贫穷。建设有中国特色的社会主义，就是要探索出一条比较快的发展道路。这就是邓小平关于社会主义基本思想的最初表述。

邓小平的这个思想不断展开和丰富。首要的问题是，如何在发展生产力的基础上使人民富裕起来。他在 1978 和 12 月 13 日《解放思想，实事求是，团结一致向前看》的重要讲话中，就提出一个大政策，允许一部分地区、一部分企业、一部分工人农民生活先好起来，成为示范力量，使整个国民经济不断地波浪式地向前发展，使全国各族人民都能比较快地富裕起来。以后，他又从社会主义本质的高度看待共同富裕。在 1992 年初的南方谈话中，邓小平概括了社会主义的本质。他说："社会主义的本质，是解放生产力，发展生产力，消灭剥削，消除两极分化，最终达到共同富裕。"邓小平把社会主义的本质归结为共同富裕，这是很深刻的思想。另一方面，邓小平又着眼于人的全面发展。他提出了建设社会主义精神文明的任务，要求将物质文明和精神文明两个文明一起抓。他创造性地提出了培育"四有"新人的目标。他说，搞社会主义精神文明，主要是使我们的各族人民都成为有理想、有道德、有文化、有纪律的人民。

此后，我们的党中央坚持了这些中国特色社会主义基本的思想，而且不断丰富、充实、发展。十六大以来，以胡锦涛同志为核心的党的第四代领导集体提出了科学发展观，并把以人为本作为科学发展观的核心。胡锦涛多次阐明了以人为本的科学内涵和基本要求。他在党的十七大报告对以人为本作了最全面的阐述。他说："全心全意为人民服务是党的根本宗旨，党的一切奋斗和工作都是为了造福人民。要始终把实现好、维护好、发展好最广大人民的根本利益作为党和国家一切工作的出发点和落脚点，尊重人民主体地位，发挥人民首创精神，保障人民各项权益，走共同富裕道路，促进人的全面发展，做到发展为了人民、发展依靠人民、发展成果由人民共享。"

（二）以人为本与中国特色社会主义的关系

第一，以人为本是与社会主义市场经济体制相适应的思想观念，反映了市场经济发展的变化和需要。在计划经济体制下，党和国家对经济运行和经济生活进行管制，高度集中的管理，经济缺乏活力，难以满足劳动者的日益增长变化的需求，也难以避免等级、特权、垄断和腐败的产生，社会成员的平等很难实现，那种体制对人的束缚和压抑是显而易见的，谈不上什么以人为本。社会主义市场经济的主要优势就是调动人的积极性，解放生产力，让人们通过自由地创造和平等地竞争满足自己生存发展享受的需要，从而推动经济的发展与社会的进步，其核心是劳动的等价交换。交换必须明确产权主体，交换的主体必须是权利和利益统一的自由的、平等的人。市场经济要求国家法律明确和保护社会成员的自由平等权利，否认政治特权、否认劳动以外的任何交易。以人为本是和市场经济配套的观念，如果把市场经济比作硬件，那么以人为本就是它的软件，是与经济转型相适应的文化转型。在社会主义市场经济条件下，使用社会主义的以人为本的思想观念是顺理成章的。

第二，以人为本是与对外开放战略相适应的思想观念。当今中国积极参与经济全球化，在合作与竞争的博弈中实现中华民族的伟大复兴，致力于和谐世界的建设。世界各国对中国更加关注，不管赞成中国的发展与否，都承认中国的发展成就，重视中国的经验与模式。中国需要更深入的认识学习世界先进的文明成果，需要更高层次的参与全球事务，需要在更广泛的开放中发展自己。以人为本的价值观念既包含着中华民族“以民为本”“仁者爱人”宝贵思想的元素，又包含着平等博爱的西方思想元素，易于与各国人民交流；

既维护了中国思想价值的特色和尊严，又接近世界文明的潮流。

第三，以人为本是与中国特色社会主义的人与人的关系相适应的思想观念。这里讲的人与人的关系，包括国家与人民、社会与个人、各阶层各民族人民之间、集体与个人和人与人之间的关系。人的范畴更深入，揭示了新时期社会成员之间的关系。以人为本不仅讲执政者与人民的关系，而且讲社会与人、人与人和人与自然的关系。人民的“民”是一个整体，一个抽象，很难还原成具体的个人。以人为本的“人”既是一个整体，一个抽象，也是一个群体，更是每一个自然人，每一个社会人，每一个公民。不仅仅党和国家要以人为本，而且社会也要以人为本，每一个个人也要以他人为本，人人平等，一视同仁。人的范畴更社会化。人民是政治范畴，人不仅是政治范畴，而且是社会范畴。以人为本强调社会成员权利与义务的统一、价值与需要的统一，有利于道德与法律的建设，有利于人的全面发展。法律和道德的权威是社会的权威，是建立在人的自觉和自律基础上的权威，是可持续的低成本的权威。政党和政权的权威是政治权威，是自上而下进行管制的权威。社会权威的发展会减少政治权威的刚性因素，增加社会稳定的弹性，促进全能和管制的政治转型。这就突出了执政党及其领导的国家与社会、国家与人民的主体的同一性和利益的一致性，国家权力与人民权利的一致性，政权稳定与社会稳定的一致性，人类自我发展与自然生态健康的一致性。

第四，以人为本作为科学发展观的核心提出，是对全面发展中国特色社会主义的规律的认识，反映了历史的进步和时代的需要。推动科学发展，促进社会和谐是中国特色社会主义的新的历史征程。当今世界和中国都处在伟大的变迁之中，面对新的机遇和新的挑战，面对前面的千难万险，中国特色社会主义的活力和动力何在？胡锦涛强调，“尊重人民主体地位，发挥人民首创精神”。中国特色社会主义是中国人民的事业，改革开放三十年的奇迹其实就是思想解放的中国人民形成的巨大社会生产力创造的。社会主义新的发展在于中国人民新的解放。今天，人的解放不再仅仅是生存和温饱的解决，只有“保障人民各项权益，促进人的全面发展”，中国人民才会焕发出新的历史主动性和创造性，推动科学发展与社会和谐。以人为本体现的是对人的生命的尊重，对人的个体的尊重，对人的尊严的尊重，对人的自由的尊重。这种尊重是政府的尊重，也是社会的尊重，更是人与人之间的相互平等与尊重。

（三）以人为本与社会主义观念的新变化

虽然取得了巨大成就，但中国仍处于社会主义初级阶段没有变，基本矛盾的基本特征也没有变。而且在中国加速转型和发展的过程中，基本矛盾的运动出现了新的特点。当今世界，经济全球化在发展，科学技术日新月异，科学技术作为第一生产力的分量越来越重，人文主义软实力的分量越来越重，国家综合实力的竞争正日益变成人才的竞争，跨国集团的竞争正在变成管理人员和劳动者科学、人文素质的竞争；国内科学发展观的贯彻落实，要求转变增长方式，调整经济结构，把粗放型经济转变成集约型经济，把经济增长的动力转变到依靠劳动者素质提高上来，新型工业化要求用先进科学技术和管理方法武装我们的工业，生产性服务业和文化产业蓬勃发展，科学技术、文化、管理和经济的融合成为新的趋势。创新成为发展的主要动力，人才成为发展的主要资源。在生产力的系统里，人的因素的革命性、决定性愈来愈重要，掌握科学技术的人是发展的决定性因素。在生产关系系统中，“保障人民各项权益，走共同富裕道路”，正确处理改革成果分配的问题，正确对待民生突出问题，直接关系到人的生存和发展，生产力的解放和发展。在上层建筑系统中，正确处理党和国家与人民的关系，通过政治和社会层面的改革，保障人民的基本权利，创造自由平等、生动活泼的政治局面，建设民主法制、公平正义的和谐社会，是人的全面发展的政治保障。在生产力和生产关系、经济基础和上层建筑的所有领域里，人的因素都在变得越来越重要。以人为本的科学发展观，就是把人作为经济和社会发展的本原、本体，把人的发展视为发展的本质、目的、动力和标志的经济社会一体化的发展观念。发展社会生产力，实现共同富裕，建设和谐社会，这是社会主义的本质要求。以人为本是对中国社会基本矛盾的客观再认识，是对社会主义本质和主体的关系的认识的深化，即生产力标准与人民标准的统一于以人为本，社会主义的主体论和本体论的统一于以人为本，科学发展与社会和谐统一于以人为本。

科学发展观讲的是发展，但没有就发展而论发展，而是把发展上升到了价值观、世界观、人生观和历史观的高度。社会主义核心价值是人的自由而全面的发展。马克思主义强调要消灭阶级，消灭私有制，消灭剥削，推翻资本主义旧制度，建立共产主义新社会，其价值目标就是为了实现人的自由而全面的发展。马克思、恩格斯在《共产党宣言》中对未来新社会进行了描述，即“代替那存在着阶级和阶级对立的资产阶级旧社会的，将是这样一个联合体，在那里，每个人的自由发展是一切人的自由发展的条件”。恩格斯在晚年，当意大利记者让他用简短的话描述未来社会时，他再次重申了这句话，认为除此之外，再也找不出更合适的表达。在《资本论》中马克思也强调，共产主义是“以每个人的全面而自由的发展为基本原则的社会形式”。人的自由而全面的发展是社会主义区别于其他社会形态的本质规定性，是人以一种全面的方式对自己全面本质的真正占有，是人的彻底解放。党领导和带领全国各族人民所做的一切努力，都是为了实现“人的自由而全面的发展”这一核心价值，这是对马克思主义基本原则的坚持和发扬。

以人为本是科学发展观的核心、本质和灵魂，是贯穿科学发展观的一条主线，体现在科学发展观的各个方面。以人为本把认识论意义和价值论意义统一起来，使其成为化解当前各种矛盾，应对各种挑战的新的宝贵思想资源。社会是人组成的，人是社会的人，社会是整体的人，社会主义社会所有的问题都可以归结到人的问题，市场取向改革中人的问题，政治体制改革中人的问题，和谐社会建设中人的问题，抓住了人，抓住了人的需要、人的幸福、人的积极性的调动、人的行为的规范、人的观念转变、人的素质提高，就抓住了改革的根本。中国是中国人的中国，经济政治社会文化建设都围绕着中国人，以中国人的生存幸福为准则为尺度。以人为本触及到现代社会建设的方方面面的价值目标、价值判断和价值选择。市场意识、公共意识、公民意识、公平意识、民主意识、民生意识、法治意识和国家意识，说到底都是人本意识在各个领域的表现和展开。改革开放把人民的主体性与生活的本体性结合起来，重新发现了中国革命和现代化建设的伟大意义和价值；以人为本的科学发展观使历史的主体和本体统一并同一于大写的“人”，统一并同一于“苟日新，日日新，又日新”的中国人，揭示了中国走向现代化、走向世界、走向伟大复兴的意义与价值，与以往的历史转型相衔接，实现了中国特色社会主义价值观的历史性升华。以人为本的科学发展观，带动社会主义价值观念普遍的突破与更新，引起了中国的价值革命。执政观、市场观、社会观、自然观、道德观、制度观、文化观、历史观和时代观都在变化。在我国以人为本的新观念，主要体现在一下几个方面：

第一，以人为本的执政观。在以人为本的理念下，人民是公民，权力是公共权力。人民是政治概念，公民是法律概念。公权力与公民权利既有政治的关系，更重要的是法律关系。公民的权利是执政者权力的来源，因此公民是公权力的主人。政府政策和行为最高的价值取向是向公民负责，这是现代执政观的逻辑起点。现在的问题正如邓小平所说，政治体制与经济体制上的弊端一样，是权力过分集中，他说，权力过分集中是个“总病根”，这个病根的形成有着深刻的历史文化原因。一是封建专制思想文化的影响和权力本位的价值观；二是长期夺取政权巩固政权斗争中形成的强烈政权意识，暴力革命军事斗争中形成的自下而上的服从意识，严密的组织和严格的纪律；三是无所不包、无所不管的计划经济的影响。中共在历史上的巨大胜利与威望加上这三个历史特征，使今天的执政力量成为历史上最强势的政权，当它与资源支配结合起来时，一方面形成了经济建设的巨大推动力和调控力，另一方面也形成了权力寻租的可怕张力和破坏性，当腐败发展到一定程度，公权力的公信力下降，执政效能下降。以人为本的执政观，从根本上讲就是执政者自觉把公权力置于约束和监督之下，使之趋利避害。谁来约束和监督强势的权力？是全体社会公民，公民的权利是监督权力的根本力量。公民约束和监督有两个条件，一是执政信息的公开和舆论监督的有序发展。例如，行政和司法公开，财政收支公开和官员财产公开；二是保障人民的基本政治权利。多年来，一直在说人民监督，但是在社会发育不成熟，公民权利不落实的时候，只能是一句空话。从落实公民的基本权利起步，让人民群众先有知情权、参与权、表达权、选举权，才能行使监督权。

第二，以人为本的市场观。中国特色社会主义的市场经济，应该是人本的市场经济。人本的市场经济应该具有很强的人民性，很强的法治性，而不是与权力紧密结合，与“人情关系”紧密结合。由于市场间接调控经济的性质，官员直接支配财富和资源的空间在缩小，公民为了自身利益而监督政府，会限制政府权力的扩张行为。现在腐败的张力主要的不是来自于市场体制本身，而是因为行政力量过大影响了市场机制的发挥，而是因为市场取向的改革不到位不配套。市场一方面接受公权力的监督、引导和服务，另一方面限制公权力的滥用；一方面以向公民利益负责作为市场的价值取向，另一方面接受公民社会的支撑与制约。

第三，以人为本的社会观。人本社会是公民社会。公民社会就是发展民生、保护民权的社会。落实民生、民权不是靠人恩赐，而是依赖社会的建设与进步。社会是有公共基础设施、基本权利保障、各种民间组织、基层民众自治、相应法规制度、共同价值体系的公民群体。以人为本的社会是胡锦涛说的“民主法制，公平正义，诚信友爱，充满活力，安定有序，人与自然和谐相处”和谐社会，社会、市场与政府是相对独立又相互支撑的有机整体。好的社会可以承接政府的许多职能，降低执政的经济成本，维护政府的廉洁和效率，也可以成为市场的支撑体系和监督体系。好的市场不仅仅约束和监督政府，而且造福人民，同样地支撑政府。人是市场和社会的主体，人民通过市场和社会监督政府，政府通过市场和社会服务人民。我们的问题是，长期以来政府、市场、社会三者发展不协调，全能型和管制型的政府几乎包揽一切，既没有成熟的市场，也没有公民社会。

第四，以人为本的道德观、制度观和文化观。人的社会权利是靠制度来保证的，人的行为是要靠道德和法律制度来规范的。制度体系建设是根本长远的建设，而且贯穿政府、市场和社会。但是制度的基础是文化，特色在文化，一方面，道德是中国传统文化的优势，几千年重义轻利的传统和近代革命精神都是好的制度的支撑体系；另一方面，中国宗法制度衍生出来的家庭观念和人情关系，权力和人情大于王法的习惯势力十分强大，是法治、宪政的大敌，这是中国的制度建设的特殊的复杂性和艰巨性。从价值观到制度，有个认识和实践的过程，很多好的观念落实难、很多好的道德坚持难，就是没有制度保障。我们的问题在于，制度设计滞后，制度供给不足，制度创新缓慢。

第五，以人为本的历史观、时代观和自然观。如何看待自己的历史，如何看待当代世界，如何看待自然，也是重要的价值观念问题。在急迫追赶西方的过程中，中国人对自己的历史，没有来得及很好的清理。史学和文艺作品中封建的、暴力的、阶级斗争为纲的甚至汉奸的东西充斥，影响着民族素质和下一代的成长，反映我们历史观中的困境。近代帝国主义的欺侮和我们自己的封闭与保守又使我们很多人眼光短浅、心胸狭窄，敏感易怒。正在复兴的中国应该逐步具备古国的文明和大国的心胸，从容地走向复兴、走向世界、走向未来。以人为本要求努力把握人与自然之间关系的平衡，努力实现人与人之间关系的协调。寻求人与自然的和谐发展及其关系的合理性存在，必须把人的发展同资源的消耗、环境的退化、生态的胁迫等联系在一起思考，实现人与自然之间关系的和谐与协同进化。中国和全球所面临的“可持续发展”宏大命题，从根本上体现了人与自然、人与人之间关系的总协调。有效协同“人与自然”的关系，是保障可持续发展的基础；而正确处理“人与人”之间的关系，则是实现可持续发展的核心。

五、以人为本与青少年的健康成长

首先，现行教育的改革践行“以人为本”。

与青少年关系最紧密的就是教育，现阶段，我国已经将以人为本的理念贯穿于对青少年教育的过程中。当前，我国教育事业正面临着改革与发展，并且，其还要面临与国家的经济发展、社会发展相适应的问题，并且在教育过程中还要面临着教育体制的改革与创新的问题。无论从经济社会发展对教育的要求还是从教育自身的发展来看，当前教育的改革与创新必须坚持以人为本，必须树立以人为本的教育观。

以往我们对青少年进行的传统教学，注重的是知识的传授，灌输式的教学方式，而新的教育改革从注重知识传授转向注重学生的全面发展，突出培养学生的创新能力、实践能力、获取新知识的能力、收集处理信息的能力、分析解决问题的能力，以及与人交流协作的能力，发展学生对自然和社会的责任感，还要求让每个学生拥有健康的身心，优良的品质和终身学习的愿望与能力，科学和人文素养，养成健康的审美情趣和生活方式。在今后的教育过程中，教育会以学生发展为本，重视培养学生的良好个性和健全人格，同时再一次明确学生是学习的主体，强调关注学生的个体差异和不同的学习需求。

“以人为本”的教育观念主张的是从教育内部去考察教育的本质，去揭示教育的特点与规律，肯定教育就是发现人的价值，发挥人的潜能，发展人的个性。“育人”是教育的根本价值和目的，培养

“自觉的，自动的，发展的，创造的，社会的”现代中国人，“使学生能做人，能做事，成为健全的公民”是教育者所要达到的终极目标。教育以育人为己任，教育的工作就是做人的工作。以人为本的教育需要教师去关注、去研究每一位学生的差异，以便找到个性化教学的科学依据。正如世界上找不到两片完全相同的树叶一样，人海茫茫，教海无边，我们既找不到两个完全相似的学生，也找不到能适合任何学生的一种教学方法。教育的主体是人，教育的对象是人，教育的目的是塑造人，在教育活动中，人无疑处在中心的位置。一方面，教育肩负着向受教育者传播“人是根本”理念的使命，使他们懂得和学会尊重人、关心人、相信人；另一方面，教育管理、教学活动、教育内容都应当体现对人的尊重和关注，应当有利于调动和发挥人的积极性、主动性，有利于人的才能的发挥，有利于人的健康成长。

其次，“以人为本”注重青少年人思想道德建设。

“对青少年的思想道德建设我们要坚持贴近青少年实际、贴近青少年人生活，不断增强青少年人思想道德建设的针对性、实效性和吸引力、感染力”。坚持以人为本，就是要从青少年关心的事、喜欢的事入手开展教育。青少年喜欢网络我们就多在互联网上下功夫，加强网络管理，多发布有益于青少年身心健康的网络资源；青少年喜欢游戏，我们就致力开发出能让青少年健康成长的游戏，树立正确人生观、世界观、价值观的游戏；青少年喜欢书籍，我们就普及能洗涤青少年心灵的读物，让青少年在有兴趣、多参与、不间断中潜移默化逐步提高素质。“坚持以人为本，就是要深入研究和把握不同青少年人群体的个性特点，以及身心发展的特定规律”。

党的十八大，在“扎实推进社会主义文化强国建设”的发展蓝图中，提出的第一项任务是“加强社会主义核心价值体系建设”。胡锦涛在党的十八大报告中指出："社会主义核心价值观体系，是兴国之魂，决定着中国特色社会主义建设的方向。要深入开展社会主义核心价值体系学习教育，用社会主义核心价值观体系引领社会思潮、凝聚社会共识。"并提出了"坚持正确导向，提高引导能力，壮大主流思想舆论"的要求。以人为本，青少年是本中之本。

第三，践行"以人为本"对青少年的健康成长至关重要。

青少年要树立正确的世界观、人生观、价值观，培养对祖国、对社会美好情感，热爱祖国、热爱生命、热爱人类赖以生存的环境，做到"忠心献给祖国、爱心献给社会、关心献给他人"。同时也要关注和尊重人的价值、人的生存意义，激发为中华民族的腾飞而刻苦学习的动机，通过社会实践磨练出不怕困难与挫折，坚忍不拔的意志、毅力和心理素质。而学做人，首先从诚信与责任心做起。诚信是中华民族五千年的传统美德，在中国的发展、实践中，诚信渗透于我们生活的各个领域，形成了我们的民族重信守诺，诚实无欺的传统美德。针对当前部分大学生存在的诚信缺失、责任心不强问题，我们要学会与他人和社会和谐相处的意识和能力，把诚实守信、尽职尽责当作立身处世的基本准则和信条，以诚信去赢得他人的信任和友谊，赢得与他人合作共事、共谋发展的机会。

青少年必须具备高度的社会责任心。责任感作为一种道德情感，是一个人对国家、集体以及他人所承担的道德责任。青少年是祖国的未来，能否树立强烈而牢固的社会责任感，不仅关系个体理想信念的实践，更与国家前途和民族命运悠悠相关。在全面建设小康社会的今天，对青少年进行责任教育，使其积极承担自己的人生责任，度过一个有意义的人生，具有重要的现实意义。

对青少年的社会责任感教育，应该让青少年有团体精神，这个团体，不仅仅局限于几个人小团队，大到一个学校，一个城市，甚至一个国家，一个世界，都是团体。我们应当告诉青少年们，他们每做一件事，都能影响到周围的人，甚至能影响整个国家，整个世界。所以青少年应该学会爱他人，爱国家，爱社会，爱整个世界。在完善自我，学习知识以及实现道德理想的过程中，要有坚定的信念和真诚的态度，要从我做起，从小事做起，从一点一滴做起，“勿以恶小而为之，勿以善小而不为”。

青少年要实现自身的发展，一方面要肯定人的社会性，另一方面，又要保持人的独立性，发展人的个性。一方面要不断扩大自我生活的圈子，提升人生境界，学会关心他人和社会，把自己融入社会，以人民、国家的利益为重，个人利益服从集体、社会利益，尽职尽责地做好本职工作；另一方面，又要在社会允许的条件下，充分发挥个性，实现个人的利益和价值，去创造丰富多彩的、自己满意的生活方式，把聪明才智和潜能充分发挥出来，推动社会进步和自身的发展。

第四章
科学发展观的基本要求和根本方法

发展是党执政兴国的第一要务，这里发展的含义涵盖很广，不仅仅指经济的发展和增长，而是要以发展经济建设为中心，在经济发展的基础上实现社会的全面发展。我们要更好地坚持全面发展、协调发展、可持续发展的发展观，在发展经济的同时，兼顾政治的发展、人的全面发展，人与自然环境的协调和统一，和谐社会的发展等。这一丰富的内涵告诉我们，在我们谈发展的过程中，我们不仅要关注国民生产总值的增长，更要关注人文指标、资源指标和环境指标；不仅要增加促进经济增长的投入，更要增加促进社会发展的投入，增加保护资源和环境的投入。所以，科学发展观里面的"发展"我们可以理解为"全面、协调、可持续的发展"，概括的说就是要以经济建设为中心，要促进人与自然的和谐共处，在注重经济发展的同时全面推进政治、文化建设，实现经济发展和社会发展的全面进步。并且这个发展过程是永续的，我们要保证一代接一代的可持续发展，所以我们说：全面协调可持续是科学发展观的基本要求。

科学发展观的根本方法是统筹兼顾，要正确认识和妥善处理中国特色社会主义事业中的重大关系，统筹个人利益和集体利益、局部利益和整体利益、当前利益和长远利益，充分调动各方面积极性。既要总揽全局、统筹规划，又要抓住牵动全局的主要工作、事关群众利益的突出问题，着力推进、重点突破。

《树立和落实科学发展观》牢牢抓住全面、协调、可持续发展这一贯彻科学发展观的基本要求，强调全面发展，就是防止发展中的片面性，始终把经济社会发展看成一个有机联系的整体，解决好重点和全面的辩证法问题；所谓协调发展，就是防止发展中的孤立性，始终把构成经济社会发展的各种要素看成一个互相矛盾又互相统一的总体，重点解决好发展中平衡和不平衡的辩证法问题；所谓可持续发展，就是防止发展中只顾眼前、不顾长远的倾向，始终把人类社会和自然界看成一个有机的整体，辩证地处理人口、资源和环境的关系，解决好眼前和长远的辩证法问题，从而深刻阐释了科学发展观所充分体现的我们党对科学发展的深刻认识，体现了构建和谐社会的目标要求，揭示了把科学发展观贯彻落实到各个方面的切入点和根本途径。

一、全面协调可持续是基本要求

党的十八大把科学发展观同马克思列宁主义、毛泽东思想、邓小平理论、“三个代表”重要思想一道写入党章，并且确立为党所必须坚持的指导思想，这一举措是站在历史和时代的高度，实现了党的指导思想的又一次与时俱进；这一举措是着眼中国特色社会主义事业长远发展，顺应全党全国人民的共同意愿，是兴党兴国的方针大计。我们要充分认识党的十八大这一历史性决策的重大意义，紧紧团结在以习近平同志为总书记的党中央周围，坚持不懈地用科学发展观来指导工作和实践，来充实自己的头脑，在科学发展道路上阔步前进。

十八大对科学发展观的概括立足于党的十七大。胡锦涛在中共十七大报告中指出："科学发展观，基本要求是全面协调可持续。深入贯彻落实科学发展观，必须坚持全面协调可持续发展。"党的十七大确立了科学发展观的基本要求即全面协调可持续，这一基本要求的确立反映了现阶段我国经济社会发展的客观要求：一方面，经过长期发展，我们积累了较为雄厚的物质技术基础，可以在推进全面协调可持续发展上有更大作为；另一方面，城乡区域发展不平衡、经济社会发展不协调、经济发展与人口资源环境不适应等问题更加突出地摆在了我们面前。全面协调可持续的基本这一要求的提出，为我们解决城乡、区域、经济社会、人与自然和谐发展等问题提出了新思路。

科学发展观基本要求是全面协调可持续，这是从全局高度把握中国特色社会主义事业的重要体现。我们要按照其精神实质实现经济建设、政治建设、文化建设、社会建设等事业的全局发展。全面协调可持续这七个字内涵十分丰富。全面，指出中国发展的方方面面，不仅仅拘泥于经济建设，各项事业均要蓬勃发展；协调，是指发展的各个环节的要相互适应、相互促进，要有协调性、均衡性；可持续，是指发展不仅要着眼于眼前，更要注重今后的永续发展。坚持全面协调可持续发展，就要正确处理经济与社会发展，城市与乡村发展，东部、中部、西部发展，人与自然环境协调发展，国内发展和对外开放的重大关系；就要统筹安排和处理好消费与投资、供给与需求，发展的速度和发展的结构、科技进步与创新思维的充分发挥，市场机制与政府宏观调控等发展的重大问题；就要坚持做好社会主义物质文明、政治文明、精神文明齐头并进。对全面协调可持续基本要求的认识，是我们党根据马克思主义基本原理探索社会主义现代化建设规律，在实践中逐步形成并不断深化的。

党的十八大报告指出，着眼于未来，深入贯彻落实科学发展观，对坚持和发展中国特色社会主义事业具有重要的意义，十八大报告的精神告诉我们，在社会主义初级阶段，在发展惠及全体人民的发展过程中，我们要更加坚定的把发展作为深入贯彻落实科学发展观的第一要义，更加坚定的把以人为本作为深入贯彻落实科学发展观的中心工作，更加坚定的把全面协调可持续作为深入贯彻落实科学发展观的基本要求，更加坚定的把统筹兼顾作为深入贯彻落实科学发展观的根本方法。把科学发展观深入落实到我国建设的方方面面，在经济、政治、文化、社会、资源生态建设“五位一体”总体布局中深入地贯彻科学发展的思想，做好各个方面的统筹兼顾，关心民生，听取民众意见，建设人人是主人的社会主义强国。要想实现全面、协调、可持续的发展，必须处理好我国在经济建设和政治建设乃至社会建设方面遇到的诸多问题，这些问题是我国在社会主义初级阶段所面临的各种矛盾，矛盾不解决，当前和今后一段时间发展会遇到瓶颈。这些矛盾和问题，既是关系到经济发展的重大问题，也是关系到社会建设的重大问题。具体来说，有如下的几个方面：

其一，要建立健全合理的分配制度。

党的十八大报告提出：一定要想方设法增加人民的收入。温家宝总理在《关于发展社会事业和改善民生的几个问题》报告上也曾经说过：“收入分配制度改革至今仍相对滞后，主要是劳动报酬在初次分配中所占比重偏低，社会成员收入差距过大，城乡之间、地区之间、行业之间的收入差距都有拉大的趋势，收入分配秩序不规范。对这些问题，人民群众意见很大。当前，收入分配问题已经到了必须下大力气解决的时候。如果收入差距继续扩大，必将成为影响经济发展和社会稳定的重大隐患。现在，我国经济社会发展态势良好，各方面承受能力增强，应该说有条件、有能力逐步解决这一问题。合理的收入分配制度可以保证人民的安居乐业，保证人们的物质水平满足人们日益增长的需求的需要，保证社会的安定和有序。”按照党的十八大的部署和要求，以想方设法增加人民的收入为重点，对收入分配制度和分配关系进行合理的调配和调节，坚持和完善按劳分配为主体、多种分配方式并存的分配制度，初次分配和再分配都要处理好效率和公平的关系，再分配更加注重公平，加快形成合理有序的收入分配格局，努力提高居民收入在国民收入分配中的比重，提高劳动报酬在初次分配中的比重，尽快拉近广大人民群众的收入差距。努力形成全体人民各尽所能、各得其所而又和谐相处的局面，才能更好地实现社会和谐稳定和国家长治久安。

其二，要大力解决人口问题。

人口和计划生育问题不仅是发展问题，而且是民生问题，我国的人口发展是制约科学发展的一个主要的因素。人口多、底子薄是我国的基本国情，资源环境压力日益突出已经成为制约现代化建设的瓶颈。目前我国国内生产总值、经济总量已居世界前列，但人均国内生产总值排在世界100位以后，有些生活必须的资源，如水资源、耕地资源人均占有量分别只有世界平均水平的1/4、1/3。由于国内生产能力不足，导致外贸依存度过高，很多东西只能依赖于进口，无法实现进出口、国际收支的平衡，比如在石油的进口上，进口比重已超过一半以上，铁矿石、铝土、铜等进口的量更大，超过60%。改革开放以来，我们发挥了我国在劳动力上的比较优势，低成本的劳动力虽然促进了经济的短暂发展，但也给我国出口的产品扣上了劣质劣价的帽子。所以，要想实现全面协调可持续的发展，人口问题必须率先解决。做好计划生育工作，对于当前保增长、保民生、保稳定，具有很强的现实意义。现在，我国人口和计划生育工作正处于慢慢转向成熟时期，我们要统筹解决人口问题，切实加强人口和计划生育工作。除了控制人口的数量外，保证人口的质量也是我们的当务之急，我们要学习美国等西方国家的先进经验，教育优先原则，也就是要把我们的资金用来优先发展教育，对现行的灌输式的教育体制进行彻底改革，全面实施素质教育，深化教育领域综合改革，健全教育投入保障机制，着力提高教育质量，促进城乡、区域教育均衡发展，努力办好人民满意的教育。除此之外，要适应人民群众的新期盼和对形势的新要求，把民生工作放到经济工作的重要位置，努力在保障和改善民生上取得新成效。再就业上，要加大就业的力度，鼓励高校毕业生到小型企业、私人企业工作、鼓励其自主创业，加强对适龄工作人员的岗位技能培养，加大对家庭困难人员的政府援助。我国人口现在已经出现了老龄化的趋势，所以老有所养、老有所依必要而任重道远，完善社会保障体系是我们的当务之急。我们要本着全覆盖、保基本、多层次、可持续方针，以增强公平性、适应流动性、保证可持续性为重点，全面建成覆盖城乡居民的社会保障体系。

其三，加大统筹城乡发展力度，推进城乡发展一体化。

城乡“二元”经济结构是我国特有的结构，也是我国在发展过程中遇到的比较明显的问题。农村欠发达，城市发展较快，导致了此二元结构的显现。现阶段，要想推进城乡发展一体化，解决好农业、农村、农民此三农问题是全党工作的重中之重。党的十八大报告十分重视农业、农村、农民的发展，在报告中对推动城乡发展一体化作出了重要部署，明确指出要加快发展现代农业，着力促进农民增收，坚持和完善农村基本经营制度，加快完善城乡发展一体化体制机制。党的十八大报告中关于农业的论述如下："解决好农业农村农民问题是全党工作重中之重，城乡发展一体化是解决"三农"问题的根本途径。要加大统筹城乡发展力度，增强农村发展活力，逐步缩小城乡差距，促进城乡共同繁荣。坚持工业反哺农业、城市支持农村和多予少取放活方针，加大强农惠农富农政策力度，让广大农民平等参与现代化进程、共同分享现代化成果。加快发展现代农业，增强农业综合生产能力，确保国家粮食安全和重要农产品有效供给。坚持把国家基础设施建设和社会事业发展重点放在农村，深入推进新农村建设和扶贫开发，全面改善农村生产生活条件。着力促进农民增收，保持农民收入持续较快增长。坚持和完善农村基本经营制度，依法维护农民土地承包经营权、宅基地使用权、集体收益分配权，壮大集体经济实力，发展多种形式规模经营，构建集约化、专业化、组织化、社会化相结合的新型农业经营体系。改革征地制度，提高农民在土地增值收益中的分配比例。加快完善城乡发展一体化体制机制，着力在城乡规划、基础设施、公共服务等方面推进一体化，促进城乡要素平等交换和公共资源均衡配置，形成以工促农、以城带乡、工农互惠、城乡一体的新型工农、城乡关系。"由此可见，党的十八大对统筹城乡发展，推动城乡一体化发展问题给与了足够的重视，按照党的方针政策，我们定能早日实现我国城乡一体化、一元化的进程。

其四，要坚持节约资源和保护环境。

我国现阶段正在不断地发展工业，工业部门正迅速地发展成熟并在经济结构构成中所占比重越来越大。与此同时，市场经济不断地发展，全球化、国际化的程度在不断地提升，每一种发展都需要大量的资源投入，并且不间断的工业的发展会对环境产生很多负面的影响。我国人口的数量众多、资源的相对不足、环境的承载能力相对较弱，这些都给我们的可持续发展带来阻碍。现阶段要想实现全面协调可持续的发展，就必须协调好资源、环境与发展之间的关系。首先要做的就是克服资源短缺的“瓶颈”制约。我们要分阶段、分步骤、高效率的解决工业化进程中的环境污染和资源减少问题，切实建设资源节约型、环境友好型社会。在发展过程中要加强资源节约和环境保护，建设生态文明。这些做法同样也有利于调整经济结构和改变经济增长方式，实现经济社会又好又快的发展。好的环境也有利于保障人民群众的身体健康，提高人民的生活质量和延长我国人均平均寿命；有利于维护中华民族的长远利益，为子孙后代的永续发展留下良好的空间。我们一定要拒绝走发达国家先污染后治理的老路，要按照环境的承载能力，资源的承载能力深入实施可持续发展战略，要走出一条科技含量高、经济效益好、资源消耗低、环境污染少、人力资源优势得到充分发挥的中国特色新型工业化道路。在经济发展中，注重资源的循环利用，要把节约资源放在第一位，要呵护人类赖以生存的家园，保护我们唯一的地球，形成节约能源、资源和保护生态环境的产业结构、增长方式、消费模式，把建设资源节约型、环境友好型社会落实到每个单位、每个家庭。

二、统筹兼顾是根本方法

胡锦涛曾经说过：“只有坚持统筹兼顾，我们才能真正处理好我国这样一个十几亿人口的发展中大国的改革发展稳定问题，真正处理好全体人民的根本利益和各方面的利益问题，真正把全体人民和各方面的积极性、主动性、创造性充分发挥出来，为推进党和国家事业形成广泛共识、集聚强大力量。特别要看到，在我国改革发展的关键阶段，经济体制深刻变革，社会结构深刻变动，利益格局深刻调整，思想观念深刻变化。在这样的情况下，我们要推动科学发展、促进社会和谐，必须更加自觉地运用统筹兼顾的根本方法，正确反映和兼顾不同方面的利益”。统筹兼顾是我党的法宝，是我党在长期的革命和建设中获取的宝贵经验。毛泽东早在抗日战争期间就提出过统筹兼顾的思想。他说：“抗日战争要军民兼顾、公私兼顾，这样才能取得全面的胜利。”新中国成立后，我党又把统筹兼顾作为社会主义建设的一条重要指导方针，强调“我们的方针是统筹兼顾、适当安排”。改革开放以后，邓小平进一步强调：“必须按照统筹兼顾的原则来调节各种利益的相互关系。”党的十三届四中全会以后，江泽民强调：“我们所有的政策措施和工作，都应该正确反映并有利于妥善处理各种利益关系，都应认真考虑和兼顾不同阶层、不同方面群众的利益。”

深入贯彻落实科学发展观，切实做到统筹兼顾，才能发展好社会主义事业。既要总揽全局、统筹规划，又要抓住牵动全局的主要工作、事关群众利益的突出问题，着力推进、重点突破。党的十六届三中全会《决定》提出的“统筹城乡发展、统筹区域发展、统筹经济社会发展、统筹人与自然和谐发展、统筹国内发展和对外开放”的五个统筹的新思想，即“五个统筹”。要想做到统筹兼顾，首先要将各方面的利益协调好。要使个体、各方面的优势都充分发挥，再将各个方面都协调起来成为一个统一整体才可称为统筹。统筹兼顾的战略方针是妥善处理社会主义初级阶段各方面矛盾所必须的战略武器。在经济全球化，经济、政治一体化的现阶段，如何做到统筹兼顾、将各个方面的利益关系协调好，是中国共产党在新的历史条件下要长期坚持的行动方针，也是我党提高执政、领导能力所必须遵循的战略方针。党的十七大报告在此“五个统筹”的基础上，进一步提出要统筹中央和地方关系，统筹个人利益和集体利益、局部利益和整体利益、当前利益和长远利益，统筹国内国际两个大局这“三个统筹”。所以，要做到统筹兼顾，就要深刻理解这“八个统筹”。

第一，统筹城乡发展。胡锦涛在党的十八大报告中指出：“加大统筹城乡发展力度，增强农村发展活力，逐步缩小城乡差距，促进城乡共同繁荣。坚持工业反哺农业、城市支持农村和多予少取放活方针，加大强农惠农富农政策力度，让广大农民平等参与现代化进程、共同分享现代化成果。”党的十八大指导我们，要想实现城乡统筹发展，就要坚决贯彻以工业来反哺农业、以工业来促进农业，以城市来支持农村的方针，通过贯彻落实以上的方针逐步将城乡二元经济结构向一元化来转变。同时，我们要加快社会主义新农村建设，充分发挥我国在农业科研、农业知识教育、农业推广领域的优势，扩大农业示范效应，解决好“三农”问题，逐步缩小城市和乡村在发展过程中的差距，推动农村经济社会全面发展，形成城乡经济社会一体化新格局。

第二，统筹区域发展。要想我国不同区域得到统筹和谐发展，就要继续实施区域发展总体战略，包括：深入推进西部大开发，全面振兴东北地区等老工业基地，大力促进中部地区崛起等。近几年来，我国在区域发展上取得了显著成效，首先是西部大开发。西部地区在基础设施建设、保护和治理生态环境、发展区域特色产业等重点领域聘请外国专家两万余人，并且引进了先进实用技术超过百项。西部大开发有力的推进了西部各项事业的蓬勃发展，仅 2000 - 2011 年一年，西部大开发就累计新开工重点工程 165 项，投资总规模高达 3.1 万亿元。西部地区的青藏铁路、西气东输、西电东送、国道主干线西部路段和大型水利枢纽等一批重点工程相继建成，完成了送电到乡、油路到县等建设任务，促使西部地区基础设施建设取得突破性进展。此外，在生态和环境保护方面，西部地区以退耕还林、退牧还草等作为重点工程真抓实干，并且取得显著的成效。在居民的生活水平上，西部地区城乡居民人均收入进三年平均翻了一番多，贫困人口大幅减少，贫困发生率显著降低，人民生活水平明显提高。其次是东北地区等老工业基地。东北老工业基地加大了从俄罗斯、日本、韩国等周边国家引进专家力度，配合全国老工业基地调整改造，引进外国专业人才为其发展献计献策。仅 2011 年一年，东北三省经济总量就达到 4.5 万亿元，经济增长和发展速度均列国家前列。东北老工业基地的粮食产量由 2004 年的 1 446 亿斤提高到 2011 年的 2 155 亿斤，为全国粮食总量的增长做出巨大的贡献。东北老工业基地在人民基本生活保障、改善民生上成效显著，新农合参保率达 90% 以上，城镇登记失业率降到 4.3% 以下，改造城市棚户区 1.3 亿平方米，社会民生明显改善。第三是中部地区。中部地区加大了对具有比较优势的能源和制造业的发展，用优势产业加速其建设步伐。从 2005 - 2010 年，中部地区 GDP 平均年增长 15.3%，社会消费品零售额增长额及增长率在全国遥遥领先，同期各省对外贸易的发展突飞猛进，出口有所扩大，内需有所增强。中部地区对第一、第二、第三产业的产业布局进行了合理的调整，在 2005 - 2010 年，将第一产业农业的从业人员比例降到 50% 以内，同时鼓励人民群众加入到第三产业服务业的从业中去。在城市社区卫生服务机构建设方面，中部地区的地级以上城市社区卫生覆盖城市市民比例达到 95.32%，社会保障制度不断完善。在区域发展上，我国按照统筹兼顾的原则，形成东中西相互促进、优势互补、共同发展的新格局。

第三，统筹经济社会发展。我国人口多，底子薄，按照全面建设小康社会和社会主义和谐社会的要求，在发展经济的同时，也要把经济建设与社会发展的方方面面结合起来，把科学发展观要求的各个方面的内容统筹起来。中国的方方面面都在发展和进步，但发展不可片面的理解为经济增长，经济增长也不能等同于社会的全面进步。统筹经济社会的发展就是要坚持以经济建设为中心，在经济发展的基础上实现社会的全面进步，推动社会主义物质文明、政治文明、精神文明的全面发展。中国近几年来经济已经有了突飞猛进的发展，人们的温饱问题已经得到了巨大的改善，但旧的矛盾解决了，新的矛盾又在产生。随着经济的不断发展，中国的社会问题越发明显起来。所以，只有统筹经济社会发展，切实地关注和解决科技、教育、文化、卫生、体育、社会保障、社会管理等一系列重大问题，才能保证经济全面、协调、可持续的发展。所以，在统筹经济社会的发展上，我们除物质文化方面外，还要不断满足人民群众在精神文化、健康安全、社会保障等方面的需求，提高人的素质和人力资源能力，实现经济发展与社会进步的有机统一。

第四，统筹人与自然和谐发展。党的十八大提出，要坚定不移地抓好生态环境文明建设，促进人与自然的和谐发展。近年来，为了经济发展和工业发展的需要，人类无止尽地开发破坏大自然，以追求经济为目的，盲目进行开发，使生态环境遭到严重的破坏，导致部分地区水土流失严重，生态环境恶化，这些都对社会的永续发展，对社会的可持续发展构成严重威胁。统筹人与自然和谐发展的实质，是处理好经济建设与生态环境保护之间的关系。我国人口较多，所以人均资源占有量较少，工业化现代化均会受到资源数量的限制。以往西方国家均出现了牺牲环境促工业发展的案例，我国要吸取教训。工业化和城市化道路的选择，发展模式、发展战略和技术政策的选择，乃至社会生活方式的选择，都必须考虑资源约束和环境承载能力。发展过程中要强调人与自然和谐发展，这是人类进步的标志。我们要高度重视资源和生态环境问题，处理好经济建设、人口增长与资源利用、生态环境保护的关系，增强可持续发展的能力，推动整个社会走上生产发展、生活富裕、生态良好的文明发展道路。

第五，统筹国内发展和对外开放。首先要统筹协调好内需与外需的关系。坚持内需为本的原则，依靠需求升级、结构深化、经济转型、效益成长来带动国内经济和出口的发展，加快形成内外需协调增长的增长新模式。二是把“引进来”“本地化”“走出去”作为不同阶段的发展重点，力争做到发展的各个阶段内外兼顾。三是统筹协调国内发展与参与全球多边、区域合作的关系，在发展国内建设的同时也要积极的参与到全球市场的发展中去。四是统筹协调我国产业结构升级与国际产业转移的关系，问题的核心是不断构建和提升我国产业的国际动态比较优势，在参与国际产业分工体系中保障我国重要产业的安全自主和逐步提高分工层位。五是统筹协调内外部经济，建立开放的宏观调控体系。统筹协调经济增长、价格稳定、充分就业、国际收支平衡四大目标，建立开放型经济的宏观调控体系。我们要处理好国内发展和国际环境的关系，既利用好外部的有利条件，又发挥好我们自身的优势，利用国际国内两个市场、两种资源，立足于扩大内需，把扩大内需与扩大外需、利用内资与利用外资结合起来，努力实现国内发展和对外开放相协调。

第六，统筹中央和地方关系。江泽民曾强调指出：“我们既不允许存在损害国家全局利益的地方利益，也不允许存在损害国家全局利益的部门利益”，“当前应抓紧合理划分中央与地方的管理权限，明确各自的事权、财权和决策权，做到权力与责任相统一，并力求规范化、法制化。”要统筹中央和地方的关系，就要尊重基层和群众的首创精神，合理划分经济社会事务管理的权限和职责，做到事权与财权相匹配、权力与责任相一致，既维护中央的统一领导，又更好地发挥地方积极性。这里有两点需要注意：首先，广大人民群众要维护中央的绝对权威。像中国这样人口庞大的国家要想保证社会政治和经济持续、稳定、协调发展，就必须做到这一点。必须保证给中央、给国家相当程度的国家能力，来完成自己制定的政策目标，必须给中央、给国家以充分的决策制定权。其次，在中央统一指导的前提下，要赋予地方必要的权力，让地方有更多的因地制宜的灵活性。在中央的统一领导下，将权力下放给地方，让地方能自主的行使权力多办眼前事、多办中央看不到的实事，有利于增强办事效率，有利于综合国力的增强。党的十七大报告指出：加大机构整合力度，探索实行职能有机统一的大部门体制，健全部门间协调配合机制。按照这一要求，切实转变中央政府与地方政府的职能，加快建设服务政府、效率政府，在中央建立起大部门体制，形成新的协作机制。应根据职能相近的原则实行归属管理，明确录属关系、主要职责，防止出现上下断层、工作脱节的现象。

第七，统筹个人利益和集体利益、局部利益和整体利益、当前利益和长远利益。

当前，我国正处于改革与发展的关键时期，社会经济成分组织形式、利益关系、就业和分配方式多种多样。在这种情况下，出现不同阶层、不同方面群众利益的差异甚至矛盾是完全正常的。胡锦涛同志在十七大报告中强调指出：“要统筹个人利益和集体利益、局部利益和整体利益、当前利益和长远利益。这就要求我们，在处理个人利益与集体利益的关系时，必须坚持从全体人民的整体利益、长远利益和根本利益出发，做到个人利益服从集体利益、局部利益服从整体利益、当前利益服从长远利益。”个人利益包括个人物质生活和精神生活需要的满足，个人身体的健康，个人才能的利用和发展等。国家利益、集体利益同个人利益一样，是客观存在的。以集体主义为核心的马克思主义从未否认过正当的个人利益，而恰恰是以个人利益的有效实现和保护为前提的。恩格斯曾经指出：“社会主义的目标就是使每一个成员都能自由地发展和发挥他的全部才能和力量，并且不会因此而危及这个社会的基本条件。”所以我们要认识到，个人利益是集体利益的活力之源，我们要确保人民群众个人利益的正当的、合理的诉求。同时，我们也要加强教育和宣传任何个人利益的实现都离不开集体利益这个大的背景和舞台。如果撇开这个现实基础，只讲所谓的“个人利益”，结果只能是导致唯心主义的“唯我论”。集体利益是社会集团全体成员的共同利益。与所在社会的生产资料所有制有密切联系，不同的所有制关系决定了集体利益不同的性质。在社会主义国家，集体利益从一定意义上讲，是指国家和全体人民的利益，同时也指人们所在集体的全体成员的共同利益。集体利益具体包括社会集团公有的自然资源或集体所有的生产资料和资金、教育和文化娱乐设施等在现实生活中，不管个人主观上怎样超脱各种关系，他在社会意义上是这些关系的产物。所以，任何个人都离不开社会也离不开集体。我们要看到，坚持对集体利益的保护其实是对个人利益的最大保护。坚持集体主义也是为了更好的让个人利益得以实现。当个人利益和集体利益发生矛盾时需要从多方面周全地考虑并作出妥善处理。我们要坚持从全体人民的整体利益、长远利益和根本利益出发，做到个人利益服从集体利益、局部利益服从整体利益、当前利益服从长远利益，正确地处理好发展中的各项问题，在利益出现冲突时，既要保证个人、局部、当前利益的实现，又要着眼于集体利益、整体利益和长远利益，切实维护好最广大人民的根本利益，又着力解决好人民最关心、最直接、最现实的利益问题。

最后，统筹国内国际两个大局。要深刻认识国内大局和国际大局、内政和外交的紧密联系，善于从国际形势和国际条件的发展变化中把握发展方向、用好发展机遇、创造发展条件、掌握发展全局，做到审时度势、因势利导、内外兼顾、趋利避害，为我国发展营造良好国际环境。世界现在俨然已经成为了一个整体，成为了一个“地球村”，世界各国都处于相互影响、相互联系的大环境中，任何一个国家都不可能闭关自守、独立发展。只有把国内国际两个大局统筹起来，才能从世界发展大势中赢得更多的机遇和挑战。只有把国内国际两个大局统筹起来，才能全面提高我国的综合国力，并且在世界的舞台上有所作为，将社会主义事业推向成熟的轨道。

三、科学发展观的精神实质

党的十八大报告指出:“解放思想、实事求是、与时俱进、求真务实，是科学发展观最鲜明的精神实质。”我们要想深入贯彻落实科学发展观，必须深刻把握这个精神实质。把握了这个精神实质，就把握了科学发展观最本质的东西，就把握了科学发展观与马克思列宁主义、毛泽东思想、邓小平理论、“三个代表”重要思想的历史联系及其统一的科学思想体系。

第一，如何理解解放思想、实事求是、与时俱进、求真务实。

首先，解放思想是贯彻落实科学发展观的根本要求。解放思想的关键在创新，不走老路，要在新形势下开发新思路、新方法，改变以往的发展方式，用新思维真正实现全面协调可持续发展。其次，实事求是，就是要求我们直面发展中的问题，出现问题要按照实际情况进行研究，找出解决方案，按规律办事，实现科学发展。一切从客观实际出发，尊重和把握规律，按照客观规律办事，这是马克思主义的世界观方法论。第三，与时俱进，就是新时代要有新的发展方向，随着时代的变化会有新问题的出现，要不断地进行创新，想出新的解决方法，以顺应时代的发展方向和要求。最后，求真务实，就是贯狠抓落实，切实改进思想作风和工作作风，把作风建设摆在突出位置来具体落实科学发展观。

第二，解放思想、实事求是、与时俱进、求真务实的关系。

首先，“实事求是”是党的思想路线的核心。

党的“实事求是”的想路线是毛泽东用中国语言对马克思辩证唯物主义和历史唯物主义所作的高度概括。作为与主观主义相对立的思想路线，它有着十分丰富的内涵。其一，“实事求是”指出“事”是“实”的，即“事物是客观存在的”，客观事物具有“实在性”的特点。这是唯物主义。其二，“实事求是”肯定“实事”中有“是”，即“客观事物有其内在的规律性”。因为“实事”是客观存在的、具体的、普遍联系和运动、变化、发展的，因而其内在的规律性也是客观的、不以人的意志为转移的。即“周围事变的内部联系”是“固有的而不是臆造的”。这是彻底的唯物主义和辩证法的统一。其三，“实事求是”明确“是”是可以“求”的，即客观事物及其运动、变化和发展的规律是可以认识的。这是唯物主义的反映论，体现了客观规律性和主观能动性的统一。其四，“实事求是”强调“求是”是有条件的，也就是必须从“实事”中去“求”。即“要从国内外、省内外、县内外、区内外的实际情况出发”，“不凭主观想象，不凭一时的热情，不凭死的书本，而凭客观存在的事实，详细地占有材料”。最后，从总体上看，“实事求是”内含着一切从实际出发，“如实地反映客观事物”和“按客观规律办事”这样两层含义，简单地说就是“认识世界”和“改造世界”的统一、“知”与“行”的统一以及“想”与“说”和“做”的统一。综上所述，“实事求是”是唯物主义和辩证法的统一，是辩证唯物主义世界观、方法论的统一。它不仅充分体现了“一切从客观实际出发”这一彻底的唯物主义的立场、观点和态度，而且充分体现了矛盾的“普遍性和特殊性相统一”的唯物辩证法的“精髓”和“具体问题具体分析”这一“马克思主义的活的灵魂”。因而我们说，“实事求是是马克思列宁主义的精髓，是毛泽东思想的精髓，也是邓小平理论的精髓”，是党的思想路线的核心。作为毛泽东思想“活的灵魂”的基本方面之一，“实事求是”是毛泽东同志留给我们的“最宝贵的思想财富”。

其次，“解放思想”是实事求是的前提和条件。

党的实事求是思想路线的贯彻不是一帆风顺的，而是经历了严重的挫折。从20世纪50年代后期起，在以带有中国特色的方法完成了社会主义改造以后，毛泽东领导全党和全国人民抗拒来自国外的强大影响和压力，开始了中国社会主义建设道路的探索。由于背离了实事求是的思想路线，主观主义地分析形势和看待问题，我国社会主义建设出现了“大跃进”、反右斗争扩大化特别是“文化大革命”那样全局性、长时间的“左”倾严重失误。“文化大革命”结束后，刚刚开始的拨乱反正又遇到了“两个凡是”的严重障碍。为了冲破禁锢，打开局面，邓小平强烈反对“两个凡是”的错误方针，领导和积极支持关于实践是检验真理的唯一标准的大讨论，不仅在马克思主义的发展史上第一次明确地指出实事求是“是马克思主义的思想基础”“是马克思主义的精髓”“是毛泽东思想的精髓”，而且对党的思想路线作了系统的概括和全面的阐述。指出："实事求是，一切从实际出发，理论联系实际，坚持实践是检验真理的标准，这就是我们党的思想路线。"与此同时，邓小平从拨乱反正特别是改革开放时代的实际出发，大力倡导解放思想。他指出，"解放思想是当前的一个重大政治问题"。"一个党，一个国家，一个民族，如果一切从本本出发，思想僵化，迷信盛行，那它就不能前进，它的生机就停止了，就要亡党亡国，只有解放思想，坚持实事求是，一切从实际出发，理论联系实际，我们的社会主义现代化建设才能顺利进行，我们党的马列主义、毛泽东思想的理论也才能顺利发展。"拨乱反正需要解放思想，全面改革也需要解放思想。因此，"解放思想，开动脑筋，实事求是，团结一致向前看，首先是解放思想。我们讲解放思想，是指在马克思主义指导下打破习惯势力和主观偏见的束缚，研究新情况，解决新问题。

其三，"与时俱进"是实事求是的内在规律。

进入新世纪，我国进入了全面建设小康社会，加快推进社会主义现代化的新的发展阶段。不仅国际局势发生了深刻变化，而且中国社会和我们党所处的地位和环境、党所肩负的历史任务、党的自身状况，也都发生了新的重大变化。面对新阶段、新形势、新任务，要使党在世界形势深刻变化的历史进程中始终走在时代前列，在应对国内外各种风险考验的历史进程中始终成为全国人民的主心骨，在建设中国特色社会主义的历史进程中始终成为坚强的领导核心，党就必须做到"与时俱进"，也就是要"始终代表中国先进生产力的发展要求，始终代表中国先进文化的前进方向，始终代表中国最广大人民的根本利益"。为此，江泽民同志强调指出，"与时俱进"是马克思主义最重要的理论品质。"坚持党的思想路线，解放思想、实事求是、与时俱进，是我们党坚持先进性和增强创造力的决定性因素”。能否始终做到“与时俱进”，“决定着党和国家的前途命运”。我们党对与时俱进重要性的认识，进一步丰富和发展了党的思想路线。辩证唯物主义认为，客观事物不是一成不变的，而是不断的运动、变化和发展着的。这就决定了我们的思想和认识必须随着客观事物的变化而变化，以时间、地点、条件为转移。不仅如此，事物的运动、变化和发展是阶段性和过程性的统一，总体上呈前进、上升趋势。这就要求我们必须与时俱“进”。世界潮流，浩浩荡荡，顺之者昌，逆之者亡；“物竞天择，适者生存”，落后就要挨打，落后就会被淘汰，这在科学技术突飞猛进、世界多极化和经济全球化浪潮汹涌、国际竞争日趋激烈的当今时代，尤其如此。由此可见，“与时俱进”不仅是马克思主义认识论的发展规律，而且是人类社会的发展规律，同时还是马克思主义理论的发展规律和我们党的执政规律。概括地说就是实事求是地“认识世界和改造世界的规律”。因此，“三个代表”重要思想是与时俱进的理论，贯彻“三个代表”重要思想，“关键在坚持与时俱进”。

最后，“求真务实”是实事求是的直接体现和必然要求。

为了贯彻落实好“三个代表”重要思想和十六大精神，抓好“发展”这个党执政兴国的“第一要务”，落实全面、协调、可持续的发展观，实现经济持续快速协调健康发展和社会全面进步；坚持立党为公、执政为民，保持党同人民群众的血肉联系，切实把最广大人民的根本利益维护好、实现好、发展好；全面推进党的建设新的伟大工程，加强党员干部队伍建设，提提高党的执政能力，高举毛泽东思想、邓小平理论和“三个代表”重要思想伟大旗帜，告诫全党同志“务必保持谦虚、谨慎、不骄、不躁的作风”，“务必保持艰苦奋斗的作风”；“必须大力弘扬求真务实精神、大兴求真务实之风”。胡锦涛同志指出，“求真务实，是辩证唯物主义和历史唯物主义一以贯之的科学精神，是我们党的思想路线的核心内容，也是党的优良传统和共产党人应该具备的政治品格”。在全党大力弘扬求真务实精神、大兴求真务实之风，“关键是要引导全党同志不断求我国社会主义初级阶段基本国情之真，务坚持长期艰苦奋斗之实；求社会主义建设规律和人类社会发展规律之真，务抓好发展这个党执政兴国的第一要务之实；求人民群众的历史地位和作用之真，务发展最广大人民根本利益之实；求共产党执政规律之真，务全面加强和改进党的建设之实。”坚持全心全意为人民服务，摆正同人民群众的关系，是坚持求真务实的根本准则；正确认识国情，按照国情制定路线方针政策和开展工作，是坚持求真务实的根本依据；认识规律、把握规律、遵循和运用规律，是坚持求真务实的根本要求。辩证唯物主义认识论认为，人类的认识始于人类的实践，认识的动力源于实践的需要。不仅如此，实践还是检验认识正确与否的标准和认识的最终目的，也即是要做到“求真务实”。“求真”，包含着“如实地、真实地反映客观情况”和“努力把握事物的本质及其规律，追求真理”这样两层含义；而“务实”则强调了认识的目的是“说实话，出实招，办实事，务实效”。这一概括充分揭示了人类认识在实践基础上由感性到理性、再由理性回到实践的发展过程和规律，进一步指明了认识的目的和方向，是实事求是深刻内涵的直接体现与必然要求。

综上所述，“解放思想”“与时俱进”“求真务实”是党的“实事求是”思想路线的有机构成，是党的实事求是思想路线历史的、逻辑的展开、丰富和发展。它们以马克思主义认识论为依据，顺应时代发展要求，深刻揭示了党的思想路线所赖以建立的理论基础、实现条件、内在规律和必然要求，从而更为完整、充分地体现了全部马克思主义理论的精神实质。

第三，解放思想、实事求是、与时俱进、求真务实与社会主义发展的关系。

其一，解放思想、实事求是、与时俱进、求真务实，是人类实践和认识的发展规律，也是马克思主义的发展规律，是一种思想方法，也是一种精神状态。党的十六大以来，胡锦涛反复强调“坚持解放思想、实事求是、与时俱进，以科学态度对待马克思主义，用发展着的马克思主义指导新的实践”，反复强调“求真务实，是辩证唯物主义和历史唯物主义一以贯之的科学精神，是我们党思想路线的核心内容”。我们党准确把握世界发展大势，准确把握社会主义初级阶段基本国情，深入研究我国发展的阶段性特征，在研究新情况、解决新问题的过程中逐步创立了科学发展观。

其二，解放思想、实事求是、与时俱进、求真务实是科学发展观思想的主线，贯穿科学发展观的始终。科学发展观创造性地运用马克思列宁主义、毛泽东思想、邓小平理论、“三个代表”重要思想，紧密结合新的实践、结合新的发展契机，提出以人为本、实现全面协调可持续发展，又针对现阶段我国农村的发展状况，提出建设社会主义新农村，针对我国的实际提出建设创新型国家、建设社会主义核心价值体系、建设社会主义文化强国、构建社会主义和谐社会、推进生态文明建设，根据中国共产党现阶段的特点提出加强党的执政能力建设、先进性和纯洁性建设等一系列利国利民的新思想、新观点、新论断，这些都是对马克思主义理论的继承和发扬。可以说，科学发展观的每一处精髓和要点，都贯穿和体现了解放思想、实事求是、与时俱进、求真务实的思想，都坚持了马克思主义基本原理。

实践永无止境，对真理的认识永无止境，同样，各种理论的创新也永无止境。党和人民的实践是不断前进的，指导这种实践的科学理论也要随之而不断的前进。科学发展观不是封闭的理论，而是开放的、与时俱进的理论体系，它既是我们推进实践创新、推进社会主义建设的根本指针，又是我们深化理论探索的里程碑。中国特色社会主义事业是不断发展、蓬勃发展的事业，前进中定会遇到这样那样的新情况、新问题、新阻碍，并且还要应对各种各样的风险和挑战，可以说，我们是在摸索中勇敢前进的。只要我们始终坚持解放思想、实事求是、与时俱进、求真务实的科学发展观，把握时代发展的要求，顺应人民群众的意愿和愿望，勇于实践、勇于变革、勇于创新，永不僵化、永不停滞，就能在科学发展观的基础上，不断有所发现、有所建树。

四、科学发展观与中国特色社会主义

发展是人类社会永恒的主题。党中央在深刻总结新中国成立以来特别是改革开放以来的历史经验和吸收世界文明成果的基础上，把我们党的发展思想精华进一步上升为科学发展观，这是马克思主义发展理论的最新成果。坚持以科学发展观统领经济社会发展全局，我国的经济社会发展才能不断开拓新局面。

影响一个国家发展快慢、好坏的因素很多，就发展的范畴来说，有发展机遇、发展战略、发展动力、发展模式、发展条件、发展道路等，这是发展链条上相互联系的不同环节，各有各的地位和作用。其中，发展道路即发展的方法和途径，尤为重要。判断一个国家的发展是否成功，很重要的一条就是看它是否经过长期探索找到了一条与本国国情和时代特征相适应的发展道路。这已是当今国际社会的共识。我国自改革开放以来，在以邓小平为核心的党的第二代中央领导集体的领导下，成功地走出了一条中国特色社会主义发展道路。科学发展观的提出，使我们党对中国特色社会主义发展道路又有了新认识。这条发展道路以解放思想、实事求是、与时俱进的思想路线为基础并逐渐的发展开来。

（一）科学发展观围绕“发展主题”逐步形成、丰富和完善

我国社会主义初级阶段的基本国情和历史方位决定着发展是解决我国所有问题的关键，是中国特色社会主义的主题。建设和发展中国特色社会主义，必须坚定不移地抓住发展这个主题。党的十一届三中全会后，以邓小平为主要代表的中国共产党人从“什么是社会主义、怎样建设社会主义”入题，坚持发展这个硬道理，推进改革开放，开辟了中国特色社会主义道路。以江泽民为核心的第三代中央在世纪之交从“建设什么样的党、怎样建设党”入题，把党的建设新的伟大工程与中国特色社会主义伟大事业结合起来，抓住发展这个执政兴国第一要务，推动中国特色社会主义继续向前发展。十六大以来，以胡锦涛同志为核心的党的第四代领导集体从新世纪新阶段的历史新起点出发，坚持聚精会神搞建设、一心一意谋发展，直面我国经济社会发展出现的新情况新问题，直接从“实现什么样的发展、怎样发展”入题，提出科学发展观重大战略思想，在我国发展目的、发展战略、发展布局、发展阶段、发展动力、发展要求等重大问题上提出了一系列新思想、新观点、新论断，从理论创新和实践创新上把中国特色社会主义事业推进到一个新阶段。

在科学发展观提出的初始阶段，主要是着眼于解决我国经济社会发展中存在的问题。党的十六届三中全会把科学发展观作为着眼

于党和国家事业发展全局的重大战略思想正式提出。胡锦涛在2003年中央经济工作会议上提出，牢固树立和认真落实全面、协调、可持续的发展观，“既是经济工作必须长期坚持的重要指导思想，也是解决当前经济社会发展中诸多矛盾必须遵循的基本原则”。2004年，胡锦涛在中央人口资源环境工作座谈会上明确指出，坚持以人为本，全面、协调、可持续的发展观，是“从新世纪新阶段党和国家事业发展全局出发提出的重大战略思想”。党的十六届五中全会提出“坚持以科学发展观统领经济社会发展全局”，并以科学发展观为指导，制定了“十一五”时期经济社会发展的基本原则、主要目标、重大任务和政策措施。胡锦涛在这次全会第二次全体会议上的讲话中明确指出：“科学发展观是指导发展的世界观和方法论的集中体现。”党的十六届六中全会再次强调用科学发展观统领经济社会发展全局。在2006年中央经济工作会议上，胡锦涛指出：“科学发展观是指导发展的世界观和方法论的集中体现，是运用马克思主义的立场、观点、方法认识和分析社会主义现代化建设的丰富实践，深化对经济社会发展一般规律认识的成果，从而成为我们推进经济建设、政治建设、文化建设、社会建设必须长期坚持的根本指导方针。”党的十七大报告除明确概括了科学发展观的基本内涵和理论体系外，还进一步明确概括了科学发展观的重要地位和作用，指出：“科学发展观是对党的三代中央领导集体关于发展的重要思想的继承和发展，是马克思主义关于发展的世界观和方法论的集中体现，是同马克思主义、毛泽东思想、邓小平理论和‘三个代表’重要思想既一脉相承又与时俱进的科学理论，是我国经济社会发展的重要指导方针，是发展中国特色社会主义必须坚持和贯彻的重大战略思想。”所以，科学发展观是以胡锦涛同志为核心的党的第四代领导集体立足社会主义初级阶段基本国情，深刻分析新世纪新阶段我国发展呈现出的一系列新的阶段性特征，深刻把握我国发展面临的新课题新矛盾，总结我国发展实践，借鉴国外发展经验，着眼把握发展规律、创新发展理念、转变发展方式、破解发展难题，适应新的发展要求提出来的关系中国特色社会主义发展全局的重大理论。

（二）科学发展观标志着中国特色社会主义发展到一个新阶段

科学发展观是以胡锦涛同志为核心的党的第四代领导集体关于中国特色社会主义理论的标志性理论创新成果，实现了马克思主义中国化的又一次与时俱进，标志着中国特色社会主义在理论和实践上进入了一个新阶段。

党的十七大报告提出中国特色社会主义理论体系的科学概念，把科学发展观与邓小平理论、“三个代表”重要思想一道作为中国特色社会主义理论体系的重要组成部分，并把贯彻落实科学发展观正式写入党章。这表明，我们党从党的指导思想与时俱进的高度，从坚持和发展中国特色社会主义伟大事业的高度，概括和阐述了科学发展观的重大政治意义和理论意义。科学发展观在清醒认识和准确把握当代中国和当今世界发展大势的基础上，把科学社会主义原则同发展变化着的国内外形势相结合，进一步深化了我们党对“三大基本问题”的认识，使我们党对社会主义建设规律、共产党执政规律和人类社会发展规律的认识达到了一个新水平，为中国特色社会主义理论体系的丰富发展作出了独创性贡献，在中国特色社会主义理论体系中具有重要的独特地位。

中国特色社会主义理论体系，从邓小平理论、“三个代表”重要思想，到科学发展观，是前后继承不断探索科学发展的过程，是发展问题不断地科学化、理论化、系统化的过程。每一次理论创新成果都有不同切入点，分别从社会主义的本质及其实现、党的本质及其实现、发展的本质及其实现入题，归根到底都是中国特色社会主义的本质及其实现。科学发展观是关于发展主题的观点、思想的集中科学阐释。科学发展观形成于新世纪新阶段，但并不仅仅对应于新世纪新阶段，而是对应于整个中国特色社会主义全过程。发展问题是整个中国特色社会主义事业的主题，科学发展从中国特色社会主义起点就在探索，科学发展观的形成过程，就是这种探索不断深化的过程。科学发展观的提出，是对这种探索的理论总结。科学发展观探索、形成的过程，就是中国特色社会主义探索、总结的过程，科学发展观又深化和拓展了中国特色社会主义的发展主题。科学发展观形成、实践的过程就是发展主题内涵不断丰富、扩展到各个方面的过程。所以，科学发展观就不仅仅是提出时的经济社会意义上的发展观，而是整个中国特色社会主义意义上的发展观，其逻辑起点和历史起点，都是中国特色社会主义。从发展是硬道理，“摸着石头过河”，到提出、贯彻科学发展观，表明中国特色社会主义的发展主题更为理性、自觉，发展的层级、水平、成熟度得以提升。这是从感性试验到理性掌控的过程。中国特色社会主义越来越成熟，直至形成比较成熟的中国特色社会主义道路、体系和制度。科学发展观和中国特色社会主义实践的良性互动，开辟了中国特色社会主义的新境界。

（三）贯彻落实科学发展观是中国特色社会主义事业兴衰成败的关键

只有把科学发展观放到整个中国特色社会主义的指导思想高度来认识、把握、贯彻，才能在科学发展观及整个中国特色社会主义理论体系指导下，沿着中国特色社会主义道路开辟新境界。

随着中国特色社会主义事业的不断拓展，科学发展观作为发展中国特色社会主义必须坚持和贯彻的重大战略思想，作为中国特色社会主义的指导思想的地位会越来越突出。在新的历史起点上，科学发展观为我们解决复杂的国际国内矛盾、应对各种风险和挑战提供了强大理论武器，是我国当前统领经济社会发展全局的科学理论，为全面建设小康社会、加快推进社会主义现代化提供了有力的理论指导。坚持中国特色社会主义理论体系，最重要的就是坚持科学发展观。科学发展观的贯彻与否，关系到中国特色社会主义的成败。

科学发展观是体现中国特色社会主义本质要求的发展观。只有坚持和贯彻科学发展观，才能切实体现出中国特色社会主义的优越性，发挥中国特色社会主义制度的特点和优势。科学发展观的第一要义是发展，本质要求是科学发展，就是要追求符合经济社会发展规律的科学的、又好又快的发展。科学发展观的核心是以人为本，发展为了人民、发展依靠人民、发展成果由人民共享，体现了中国特色社会主义发展的根本目的。科学发展观要求坚持科学发展、和谐发展、和平发展，实现中国特色社会主义富强民主文明和谐的发展目标。

我国发展已取得了举世瞩目的伟大成就，但我国仍处于并将长期处于社会主义初级阶段的基本国情没有变，人民日益增长的物质文化需要同落后的社会生产之间的矛盾这一社会主要矛盾没有变，我国是世界上最大的发展中国家的国际地位没有变。当前中国特色社会主义事业发展呈现一系列新的阶段性特征，面临一系列深层次矛盾和问题。科学发展观作为发展中国特色社会主义必须长期坚持和贯彻的重大战略思想，作为中国特色社会主义事业的重要指导方针，对于当代中国发展具有导方向、控全局、管长远的作用。

五、从“五个高度”正确认识科学发展观

第一，从政治高度认识科学发展观。科学发展观在解决经济发展问题的同时也在解决政治、文化、社会和人的全面发展问题。科学发展观实际上解决了三个可持续发展问题：一是实现经济的可持续发展，通过经济的发展，强壮综合国力，实现国家的长远发展；二是实现政治的可持续发展，通过建立一套完备的政治制度，实现社会主义政治文明的可持续发展；三是实现人文社会发展的可持续发展，人文社会的方方面面包括思想、道德、信仰、宗教均可通过科学发展观得到和谐发展，通过科学发展观实现社会主义精神文明和社会与人的全面可持续发展。只有这样将经济、政治。人文社会各方面的可持续发展，才能全面巩固党的执政地位，全面巩固和发展中国特色社会主义伟大事业。领导干部一定要从政治高度看待科学发展观，纠正那种认为科学发展观只是单一解决经济发展问题的片面认识，在经济、政治、文化、社会和人的全面发展的各个方面，全面落实科学发展观。

第二，从全局高度认识科学发展观。科学发展观搞得好，不是在一个两个省搞得好，也不是在一个两个城市搞得好，而是在整个中国全社会都要搞好。一些地方认为自己不按照科学发展不会影响大局，仍然违规上高污染、高耗能项目，违规使用土地，对环境问题、社会和人的全面发展问题不够重视，这就是忽视了科学发展观的全局性。推进经济社会和人的全面发展是全局性的问题，即使局部忽视全面协调发展，仍是有害于全局的。不注意治理局部发展带

来的诸矛盾和问题，势必影响全局发展。用科学发展观统一领导干部的认识，就要求领导干部站在全局的立场上看待科学发展观，而不是强调本局部的特殊，要克服片面性，以大局为重，全面落实科学发展观。

第三，从意识形态高度认识科学发展观。有的领导干部片面认为，科学发展观针对的是硬的、实的、经济的、物质的发展问题，从而忽视了软的、虚的、精神的、文化的、政治的、人文的发展问题。这又是对科学发展观的误解。科学发展观不仅解决的是硬的、实的、物质的、经济的发展，而且还要全面解决软的、虚的、精神的、政治的、人文的发展，一定要在意识形态的建设方面，全面体现和落实科学发展观。西方国家特别是美国，把对我实现“和平演变”的企图着重放在意识形态领域，运用“软刀子杀人”。这种状况如果任其发展，那么在与西方对中国老百姓，特别是年轻人的意识形态影响力的争夺战中，我们将处于不利地位。这一切警示我们，必须强化党在思想文化领域、意识形态领域的话语权、主导权和控制权，必须彻底解决马克思主义的意识形态领导地位某些减弱，社会主义核心价值观的一些缺失现象，否则，后果可以想见。因此，在解决软的、虚的、精神的、文化的、政治的、意识形态的问题上，一定要全面理解和贯彻落实科学发展观，以科学发展观统领软实力、文化力、精神力、道德力、政治力的建设，强化党在意识形态领域的领导和控制能力。

第四，从改革的高度认识科学发展观。在改革中会出现的一些问题。譬如卫生、教育、文化领域中存在的问题，这些问题都需要按照科学发展观的要求，积极推进改革才能解决。问题不是改革造成的，而是不按科学发展观推进改革而造成的。当前在改革问题上的某些迟疑、争论、观望和停滞，正是在改革问题上没有正确认识和理解科学发展观所致。科学发展观是进一步推进社会主义改革的战略原则，要坚持社会主义改革取向，按照科学发展观的要求，继续加强和深化改革，才能解决发展中的问题。有的领导干部片面认为，科学发展观是应急的措施，是解决眼前发展中诸多矛盾和问题的权宜之计。这同样是对科学发展观的误解。科学发展观既立足于解决当前发展中存在的诸多矛盾和问题，更着眼于长远发展，着眼于解决长远发展中有可能产生的矛盾和问题。这就要求领导干部在落实科学发展观的实践中不搞短期效应，不搞短期化行为，不搞所谓的“形象工程”“面子工程”，不仅讲眼前，更要讲长远，一定要把科学发展观作为一项战略性的、长远性的、根本性的战略思想加以落实。

第五，从战略的高度认识科学发展观。科学发展观既立足于解决当前发展中存在的诸多矛盾和问题，更着眼于长远发展，着眼于解决长远发展中有可能产生的矛盾和问题。只有从五个高度认识科学发展观，才能全面、系统、准确地把握科学发展观，才能实现经济社会又好又快地发展。

第五章
树立和落实科学发展观“实现中国梦”

2013 年 11 月 29 日，习近平总书记在参观《复兴之路》展览时发表了重要讲话。他说：“每个人都有理想和追求，都有自己的梦想。现在，大家都在讨论中国梦，我以为，实现中华民族伟大复兴，就是中华民族近代以来最伟大的梦想。这个梦想，凝聚了几代中国人的夙愿，体现了中华民族和中国人民的整体利益，是每一个中华儿女的共同期盼。历史告诉我们，每个人的前途命运都与国家和民族的前途命运紧密相连。国家好，民族好，大家才会好。实现中华民族伟大复兴是一项光荣而艰巨的事业，需要一代又一代中国人共同为之努力。空谈误国，实干兴邦。我们这一代共产党人一定要承前启后、继往开来，把我们的党建设好，团结全体中华儿女把我们国家建设好，把我们民族发展好，继续朝着中华民族伟大复兴的目标奋勇前进。”党的十八大报告强调：“科学发展观是中国特色社会主义理论体系最新成果，是中国共产党集体智慧的结晶，是指导党和国家全部工作的强大思想武器。”我们要认真领会这一论述的深刻内涵，把思想和行动统一到科学发展观上来，把中国特色社会主义伟大事业推向前进，切实担当起实现中华民族伟大复兴的历史重任。

十六大以来的十年，以胡锦涛为核心的党的第四代领导集体带领全国各族人民深入贯彻落实科学发展观，全面推进建设小康社会取得了重大成就，同时我们应当看到，我国已经进入深化改革开放的攻坚期，把党和国家的建设转到科学发展观的轨道上来还面临一系列问题与挑战，我国发展过程中的不协调、不可持续现象严重；城乡区域发展不协调，差距较大，社会矛盾突出；地方和部门对科学发展观认识不深刻，在实践中存在不同程度的偏差，这将直接影响科学发展观的落实；国际环境不稳定因素存在，国际金融危机、粮食安全、能源安全等问题复杂多变都严重制约着我国经济社会的全面进步。。《树立和落实科学发展观》总揽全局，从以经济建设为中心到政治建设、文化建设、社会建设的协调配套，从全面建设小康社会到建设社会主义和谐社会，从立党为公、执政为民到以人为本，从人口、资源到生态、环境，从转变增长方式到发挥科学技术的决定性作用，从普遍的宏观指导到到各个领域包括国防和军队建设领域的贯彻落实，从弘扬求真务实精神到树立正确的政绩观，等等，都作了系统的论述，都提供了明确的指导原则。但是，全面贯彻落实科学发展观还有一段路要走，因此，我们需要继续深化改革开放，加快转变经济发展方式和调整经济增结构，着力改民生促和谐，加强党的先进性建设，弘扬中华文化，建设生态文明。今后的五年，我们要以科学发展观为指导思想、以中国梦为精神旗帜，为建设中国特色社会主义强国，实现中华民族的伟大复兴，实现13亿中国人的“中国梦”而奋斗！

一、始终坚持“一个中心、两个基本点”的基本路线

党的基本路线是党和国家的生命线，是实现科学发展的政治保证。深入贯彻落实科学发展观，必须始终坚持“一个中心、两个基本点”的基本路线。

1987 年 7 月，邓小平指出：“搞社会主义现代化建设是基本路线。要搞现代化建设使中国兴旺发达起来，第一，必须实行改革、开放政策；第二，必须坚持四项基本原则。”

1987 年 10 月 25 日 –11 月 1 日，中国共产党第十三次全国代表大会在北京举行，邓小平主持大会开幕式，大会报告题为《沿着有中国特色的社会主义道路前进》。报告指出中国正处在社会主义初级阶段，要“领导和团结全国各族人民，以经济建设为中心，坚持四项基本原则，坚持改革开放，自力更生，艰苦创业，为把我国建设成为富强、民主、文明的社会主义现代化强国而奋斗”。一个中心即以经济建设为中心，这一中心的确立，是在对我国社会主义建设经验教训科学总结的基础上作出的正确选择，充分体现了社会主义本质的要求，是解决我国现阶段社会主要矛盾的根本途径。两个基本点即指坚持四项基本原则，坚持改革开放。

1989 年 6 月，江泽民在党的十三届四中全会上当选总书记后指出：“党的十一届三中全会以来的路线和基本政策没有变，必须继续贯彻执行。在这个最基本的问题上，我要十分明确地讲两句话：一

句是坚定不移，毫不动摇；一句是全面执行，一以贯之。”坚持党的基本路线不动摇，关键是坚持以经济建设为中心不动摇。除非发生大规模外敌入侵，无论在什么情况下都不能动摇这个中心。坚持党的基本路线不动摇，必须把改革开放同四项基本原则统一起来。

2007 年 10 月 15 日，胡锦涛同志在中共十七大报告中指出，党的基本路线是党和国家的生命线，是实现科学发展的政治保证。以经济建设为中心是兴国之要，是我们党、我们国家兴旺发达和长治久安的根本要求；四项基本原则是立国之本，是我们党、我们国家生存发展的政治基石；改革开放是强国之路，是我们党、我们国家发展进步的活力源泉。指出，深入贯彻落实科学发展观，要求我们始终坚持“一个中心、两个基本点”的基本路线。要坚持把以经济建设为中心同四项基本原则、改革开放这两个基本点统一于发展中国特色社会主义的伟大实践，任何时候都决不能动摇。

胡锦涛在十八大报告中指出：“我们必须清醒认识到，我国仍处于并将长期处于社会主义初级阶段的基本国情没有变，人民日益增长的物质文化需要同落后的社会生产之间的矛盾这一社会主要矛盾没有变，我国是世界最大发展中国家的国际地位没有变。在任何情况下都要牢牢把握社会主义初级阶段这个最大国情，推进任何方面的改革发展都要牢牢立足社会主义初级阶段这个最大实际。党的基本路线是党和国家的生命线，必须坚持把以经济建设为中心同四项基本原则、改革开放这两个基本点统一于中国特色社会主义伟大实践，既不妄自菲薄，也不妄自尊大，扎扎实实夺取中国特色社会主义新胜利。”

“一个中心、两个基本点”的基本路线是根据我国社会主义初级阶段这一基本国情而制定的，其内涵十分丰富。“一个中心”即以经济建设为中心。“两个基本点”即坚持四项基本原则、坚持改革开放。这一基本路线是实现科学发展观的政治保障。

以经济建设为中心是我们党长治久安的根本要求，我国仍处于并将长期处于社会主义初级阶段，社会的主要矛盾始终是人民日益增长的物质文化需要同落后的社会生产之间的矛盾，我们党必须以经济建设为中心，把发展作为党执政兴国的第一要务。只有经济发展了，人们的生活水平才能改善，才能体现社会主义的优越性，才能更好地解决前进中国矛盾与问题，才能促进社会的全面进步和人的全面发展，才能实现全面建设小康社会的宏伟目标，我们才能在国际格局中占据有利地位。坚持党的基本路线不动摇，关键是坚持以经济建设为中心不动摇。

四项基本原则要求我们必须始终坚持社会主义道路，坚持人民民主专政，坚持中国共产党的领导，坚持马克思列宁主义、毛泽东思想。四项基本原则是立国之本，是社会主义现代化建设的根本政治保证，是我们党、我们国家生存发展的政治基石。只有坚持四项基本原则，才能使社会主义现代化建设有坚定正确的方向，有团结稳定的环境，有统一的意志和行动。离开了四项基本原则，就会动摇社会主义国家的根本性质和政治基础，中国就不会成为社会主义国家。坚持四项基本原则是发展中国特色社会主义必须坚持的正确政治方向，是不可动摇的立国之本。

改革开放是强国之路，是实现我国现阶段奋斗目标的必经之路。我国旧的经济体制、政治体制和其他方面的体制束缚了生产力的发展，难以使社会主义制度的优越性得到充分发挥。因此，我们只有在坚持社会主义基本制度的前提下，对旧的体制实行根本性变革，实行改革开放，更好地解放和发展生产力。党的十七大报告指出：

改革开放是新时期最鲜明的特点。改革开放是世界经济发展趋势的客观要求，也是实现社会主义现代化的必要条件，在振兴中华民族的过程中，我们要把坚持四项基本原则与改革开放结合起来，党的基本路线是党和国家的生命线，是实现科学发展的政治保证。

深入贯彻落实科学发展观，必须始终坚持“一个中心、两个基本点”的基本路线。改革开放三十多年来，中国特色社会主义之所以能在当今世界的深刻变动中迅速发展与壮大，我们党之所以能够经受住国内外政治风波、经济风险的考验，带领全国各族人民共同进步，引领中国发展，使中国人民稳步走上小康道路，最根本的，就是因为我们始终毫不动摇地坚持党的基本路线。坚持党的十一届三中全会以后，我们党总结了社会主义初级阶段基本国情和主要矛盾，提出了党在社会主义初级阶段的基本路线，党的基本路线为党和国家的发展指明了正确方向，为中国特色社会主义事业奠定了根本基础。实践告诉我们：只有坚持党的基本路线不动摇，才能真正得到人民的信任和拥护，才能确保中国特色社会主义始终沿着正确的方向前进。

在新的历史起点上，深入贯彻落实科学发展观，夺取全面建设小康社会新胜利，开创中国特色社会主义事业新局面，必须一以贯之地坚持党的基本路线，始终坚持以经济建设为中心，发展社会主义市场经济、发展社会主义民主政治、发展社会主义先进文化、构建社会主义和谐社会，努力建设富强民主文明和谐的社会主义现代化国家。我们必须始终铭记邓小平：“基本路线要管一百年，动摇不得”的教诲，要更加自觉、更加全面地贯彻党的基本路线，坚持以经济建设为中心，任何时候都不能动摇，国家的富强和人民生活水平的提高，说到底是经济实力问题，国家的经济实力提高了，人民的生活才能有所改善，国家才能稳定长久，社会才能实现全面可持续发展，在国际格局中才能占据有利地位。改革开放以来，我国经济年平均增长率为9.8%，2010年成为世界第二大经济体，在经济发展上取得了举世瞩目的成就，实践证明，以经济建设为中心是我们国家长治久安的物质基础，是强国之要，是我们党执政兴国的第一要义。牢牢把握以经济建设为中心同四项基本原则、改革开放这两个基本点之间相互贯通、相互依存、不可分割的辩证统一关系，坚定不移地把以经济建设为中心同四项基本原则、改革开放这两个基本点统一于发展中国特色社会主义的伟大实践，不为任何问题风险所惧，实现全面建设小康社会的宏伟目标。

科学发展观要求我们继续深化改革开放，解放和发展社会生产力，实现国家现代化。改革开放是当代中国的主旋律，是中国特色社会主义发展前进的必然选择，是推动各项事业发展的根本动力。深入贯彻落实科学发展观，要求我们必须注重提高改革决策的科学性，将经济体制改革与政治体制改革、城市改革与农村改革相协调，把改善人民生活作为正确处理改革发展稳定关系的结合点。毫不动摇地坚持改革开放的正确方向，坚定改革开放的决心和信心，加快重要领域和关键环节的改革开放步伐，为科学发展提供强大动力和体制保障。通过改革这场伟大革命的洗礼，中国人民的面貌、社会主义中国的面貌、中国的面貌发生了历史性变化，事实雄辩地证明，只有改革开放才能发展中国、发展社会主义。改革开放是决定当代中国命运的关键抉择，但是我们应当看到，改革开放不可能一帆风顺，也不可能一蹴而就，我国发展面临的一些有的是传统计划经济体制遗留下、至今尚未从根本上解决的，有的是社会主义市场经济发展过程中体制建设滞后造成的或由新情况新问题带来的，中国要从推动科学发展的实际需要出发，加快行政管理体制改革，深化国有企业公司制股份制改革，继续深化财税、价格、投资和金融体制改革，加快推进社会管理体制改革，以实现内外联动、互利共赢、安全高效的开放型经济体系。

二、加快转变经济发展方式

深入贯彻落实科学发展观，必须加快转变经济发展方式，完善社会主义市场经济体制，这是根据现阶段我国发展的客观实际提出的重大战略思想，是关系国民经济全局重大而又紧迫的战备任务。改革开放以来，我国经济建设取得了长足的进步，人民生活水平大幅度提高，贫困人口逐渐减少，教育医疗等建设也得到了有效的保障和体现。但是，我们应当看到，我国的人均淡水、耕地、森林、草地资源和重要的矿产资源不到世界平均的一半，废水、废气、固体废物等主要工业污染物的排放量继续增加，环境与资源问题日益紧张，一些企业业只注重经济效益，不顾及环境污染问题，导致经济社会发展过程中出现了一系列问题。济增长投入大、消耗高、效益差的增长方式还在持续，这将对社会环境造成巨大危害，长期形成的经济结构不合理、经济增长质量不高的问题依然存在，资源短缺、环境污染、生态失衡成为国家工业化、现代化越来越严重的制约因素，因此，我们必须转变经济增长方式。

党中央一直重视经济发展的方式，党的十二大指出把全部经济工作转到以提高经济效益为中心的轨道上来，党的十三大指出要从粗放经营为主逐步转上集约经营为主的轨道，党的十四大提出，努力提高科技进步在经济增长中所占的含量，促进整个经济由粗放经营向集约经营的转变，党的十四届五中全会明确提出，实行经济增长方式从粗放型向集约型的根本性转变。党的十五大提出经济发展的重要内容是完善分配结构和分配方式、调整和优化产业结构、不断改善人民生活，十六大提出要要走新型工业化道路，大力实施科教兴国战略和可持续发展战略；全面繁荣农村经济，加快城镇化建设；促进区域经济协调发展；深化分配制度改革，健全社会保障体系，促进国民经济又好又快发展的战略思想。党的十七大提出了加快转变经济发展方式、走中国特色新型工业化道路的新的战略任务，胡锦涛同志在党的十七大报告中强调，实现未来经济发展的目标，关键要在转变经济发展方式、完善社会主义市场经济体制方面取得巨大进步。由经济增长方式转到经济发展发式，不仅仅是两字之别，还体现了对我国经济发展理念的深化及国际环境的认识。党的十八大报告强调，"以科学发展为主题，以加快转变经济发展方式为主线，是关系我国发展全局的战略抉择。坚持走中国特色新型工业化、信息化、城镇化、农业现代化道路，推动信息化和工业化深度融合、工业化和城镇化良性互动、城镇化和农业现代化相互协调，促进工业化、信息化、城镇化、农业现代化同步发展"。胡锦涛同志在十八大报告中强调，全面深化经济体制改革、实施创新驱动发展战略、推进经济结构战略性调整、推动城乡发展一体化及全面提高开放型经济水平是加快完善社会主义市场经济体制和加快转变经济发展方式的重要任务。

以经济建设为中心是兴国之要，发展仍是解决我国所有问题的关键。只有推动经济持续健康发展，才能筑牢国家繁荣富强、人民幸福安康、社会和谐稳定的物质基础。必须坚持发展是硬道理的战略思想，决不能有丝毫动摇。在当代中国，坚持发展是硬道理的本质要求就是坚持科学发展。以科学发展为主题，以加快转变经济发展方式为主线，是关系我国发展全局的战略抉择。要适应国内外经济形势新变化，加快形成新的经济发展方式，把推动发展的立足点转到提高质量和效益上来，着力激发各类市场主体发展新活力，着力增强创新驱动发展新动力，着力构建现代产业发展新体系，着力培育开放型经济发展新优势，不断增强长期发展后劲。

全面深化经济体制改革是加快转变经济发展方式的关键。社会主义市场经济是社会主义国家宏观调控下的市场经济，既要发挥政府的作用，完善政府的宏观调控，又要注重挥市场的基础性作用，尊重市场规律，将二者有机结合起来。以公有制为主体多种所有制经济共同发展是我国的一项基本经济制度，深化经济体制改革要坚持和完善这一基本经济制度，推行公有制多种实现形式，推动国有资本更多投向关系国家安全和国民经济命脉的重要行业和关键领域，毫不动摇鼓励、支持、引导非公有制经济发展，保证各种所有制经济依法平等使用生产要素、公平参与市场竞争、同等受到法律保护，加快形成健全的现代市场体系是深化经济体制改革的重要内容，要进一步发展和健全土地、资本、劳动力、技术、信息等要素市场，构建有利于转变经济发展方式的财税体制，形成多种所有制和多种经营形式、结构合理、功能完善、高效安全的现代金融体系，完善金融监管，推进金融创新，维护金融稳定。实现经济发展方式的转变，完善社会主义市场经济体制根本保证便是深入贯彻落实科学发展观。

实施科技创新是提高社会生产力和综合国力的战略支撑，必须摆在国家发展全局的核心位置。人类文明每一次重大进步都与科学技术的革命性突破密切相关，进一步提高自主创新能力，大力培育和发展战略性新兴产业，要坚持走中国特色自主创新道路，以全球视野谋划和推动创新，提高原始创新、集成创新和引进消化吸收再创新能力，更加注重协同创新，加快新技术新产品新工艺研发应用，运用高新技术加快改造提升传统产业，大力发展关系民生和社会管理创新的科学技术，加快农业科技创新。深化科技体制改革，加快建设国家创新体系，善统筹协调科技宏观决策体系，建立全国科技重大决策机制，完善中央和地方、科技相关部门、科技部门和其他部门之间的沟通协调机制，着力构建以企业为主体、市场为导向、产学研相结合的技术创新体系，着力强化企业技术创新主体地位，着力提高科研院所和高等学校服务经济社会发展能力，实施国家科技重大专项，实施知识产权战略，把全社会智慧和力量凝聚到创新发展上来，推动创新体系协调发展。

推进经济结构战略性调整，是加快转变经济发展方式的主攻方向。必须以改善需求结构、优化产业结构、促进区域协调发展、推进城镇化为重点，以推动经济持续健康发展。通过扩大内需、加快建立扩大消费需求长效机制及扩大国内市场规模，来推动经济快速健康的发展，十八大报告中指出，到 2020 年我国城乡居民人均收入要比 2010 年翻一番，收入的增长会带来消费需求的增长，高档消费品及文化、教育的需求也随之增长。牢牢把握发展实体经济这一坚实基础，实行更加有利于实体经济发展的政策措施，推动战略性新兴产业、先进制造业健康发展，加快传统产业转型升级，推动服务业特别是现代服务业发展壮大，支持小微企业特别是科技型小微企业发展。充分发挥各地区比较优势，加大对革命老区、民族地区、边疆地区、贫困地区扶持力度。加快改革户籍制度，有序推进农业转移人口市民化，努力实现城镇基本公共服务常住人口全覆盖。

推动城乡发展一体化，是加快转变经济发展方式的重点。农业、农村和农民问题是社会主义现代化建设的根本性问题，解决好“三农”问题是全党工作重中之重，而城乡发展一体化是解决“三农”问题的根本途径。城乡二元结构是制约城乡发展一体化的主要障碍。必须健全体制机制，形成以工促农、以城带乡、工农互惠、城乡一体的新型工农城乡关系，加快完善城乡发展一体化体制机制，促进城乡要素平等交换和公共资源均衡配置。加大强农惠农富农政策力度，让广大农民平等参与现代化进程、共同分享现代化成果。加快发展现代农业，增强农业综合生产能力，确保国家粮食安全和重要农产品有效供给。进入新世纪新阶段，我国发展呈现一系列新的阶段性问题，区域、城乡发展差距和居民收入差距扩大，着力促进农民增收，保持农民收入持续较快增长，要加大统筹城乡发展力度，促进城乡共同繁荣。深入推进新农村建设和扶贫开发，全面改善农村生产生活条件。坚持和完善农村基本经营制度，构建集约化、专业化、组织化、社会化相结合的新型农业经营体系。

全面提高开放型经济水平，是加快转变经济方式的国际要求。在经济全球化和国际经济风险影响不断显现的形势下，只有实行更加积极主动的开放战略，完善互利共赢、多元平衡、安全高效的开放型经济体系，才能更好地促进国内发展与改革，更实现中国社会的长治久安。因此就要加快转变对外经济发展方式，推动开放朝着优化结构、拓展深度、提高效益方向转变，提高出口产品的技术优势、品牌优势、质量优势及服务优势，着力构建现代产业新体系，着力培育开放型经济发展新优势。提高抵御国际经济风险能力，创新开放模式，坚持出口和进口并重，提高利用外资综合优势和总体效益，加快走出去步伐，统筹双边、多边、区域次区域开放合作。要把推动发展的立足点转到提高质量和效益上来，着力激发各类市场主体发展新活力，着力增强创新驱动发展新动力。

加快完善社会主义市场经济体制，加快转变经济发展方式是实现科学发展的必由之路，是关系我国发展全局的重大战略抉择。让我们携起手来、坚定信心，在党中央领导下，高举建设有中国特色社会主义伟大旗帜，深入贯彻落实科学发展观，坚决打胜全面深化经济体制改革和加快转变经济发展方式这场硬仗，把我国经济发展活力和竞争力提高到新的水平。

三、着力改善民生

改善民生，构建和谐社会是全面树立和落实科学发展观的内在要求和关键问题，也是党和政府工作的根本任务和头等大事。社会的和谐、稳定与发展是人们共同的愿望，是“中国梦”的重要组成部分，实现“中国梦”离不开和谐社会。实现“中国梦”，必须认真贯彻构建科学发展观努力打造一个相对和谐、稳定的社会环境，让人民生活安康幸福。习近平指出，“要随时随刻倾听人民呼声、回应人民期待，保证人民平等参与、平等发展权利，维护社会公平正义，在学有所教、老有所得、病有所医、老有所养、住有所居上持续取得新进展，不断实现好、维护好、发展好最广大人民根本利益，使发展成果更多更公平惠及全体人民，在经济社会不断发展的基础上，朝着共同富裕方向稳步前进”。党的十八大对构建社会主义和谐社会作了全面布署，提出改善民生和创新管理中推动和谐社会建设，必须从维护最广大人民根本利益的高度，加快健全基本公共服务体系，加强和创新社会管理，推动社会主义和谐社会建设。社会主义和谐社会是构建中国特色社会主义的长期历史任务，科学发展和社会和谐是相互促进、内在统一的关系，没有科学发展就没有社会和谐，没有社会和谐也难以实现科学发展。和谐社会的建设须以保障和改善民生为重点，提高人民物质文化生活水平为根本目的，多谋民生之利，多解民生之忧，解决好人民最关心最直接最现实的利益问题，在学有所教、劳有所得、病有所医、老有所养、住有所居上持续取得新进展，努力让人民过上更好生活。

一是要努力办好人民满意的教育。教育是民族振兴和社会进步的基石。要坚持教育优先发展，全面贯彻党的教育方针，坚持教育为社会主义现代化建设服务、为人民服务，把立德树人作为教育的根本任务，培养德智体美全面发展的社会主义建设者和接班人。全面实施素质教育，深化教育领域综合改革，着力提高教育质量，培养学生创新精神。办好学前教育，均衡发展九年义务教育，基本普及高中阶段教育，加快发展现代职业教育，推动高等教育内涵式发展，积极发展继续教育，完善终身教育体系。大力促进教育公平，合理配置教育资源，重点向农村、边远、贫困、民族地区倾斜，支持特殊教育，提高家庭经济困难学生资助水平，积极推动农民工子女平等接受教育，让每个孩子都能成为有用之才。鼓励引导社会力量兴办教育。加强教师队伍建设。坚持优先发展教育，建设人力资源强国。坚持育人为本，提高教育现代化水平，努力办好人民满意的教育，坚持教育的公益性，加强教师队伍建设，深化教育改革，建设全民学习、终身学习的学习型社会，区域教育与城乡教育均衡发展，注重困难群体的教育问题，建设人力资源强国，推进和谐校园建设。

二是要推动实现更高质量的就业。就业是民生之本。要贯彻劳动者自主就业、市场调节就业、政府促进就业和鼓励创业的方针，实施就业优先战略和更加积极的就业政策。鼓励多渠道多形式就业，促进创业带动就业。加强职业技能培训，提升劳动者就业创业能力，增强就业稳定性。健全人力资源市场，完善就业服务体系。健全劳动标准体系和劳动关系协调机制，加强劳动保障监察和争议调解仲裁，构建和谐劳动关系。实施积极的就业政策，千方百计扩大就业，以经济增长促进就业，鼓励发展新兴行业及非公有制企业，尽可能多的增加就业岗位。支持劳动者自主创业、自谋职业的政策，加强就业观念教育，健全面向全体劳动者的职业教育培训和城乡劳动者平等就业的制度，发展和谐劳动关系，依法维护劳动者权益。

三是要千方百计增加居民收入。实现发展成果由人民共享，必须深化收入分配制度改革，努力实现居民收入增长和经济发展同步、劳动报酬增长和劳动生产率提高同步，提高居民收入在国民收入分配中的比重，提高劳动报酬在初次分配中的比重。初次分配和再分配都要兼顾效率和公平，再分配更加注重公平。多渠道增加居民财产性收入。规范收入分配秩序，保护合法收入，增加低收入者收入，调节过高收入，取缔非法收入。

四是要统筹推进城乡社会保障体系建设。社会保障是保障人民生活、调节社会分配的一项基本制度。要坚持全覆盖、保基本、多层次、可持续方针，以增强公平性、适应流动性、保证可持续性为重点，全面建成覆盖城乡居民的社会保障体系。改革和完善企业和机关事业单位社会保险制度，整合城乡居民基本养老保险和基本医疗保险制度，建立兼顾各类人员的社会保障待遇确定机制和正常调整机制。扩大社会保障基金筹资渠道，建立社会保险基金投资运营制度，确保基金安全和保值增值。完善社会救助体系，支持发展慈善事业。建立市场配置和政府保障相结合的住房制度，加强保障性住房建设和管理。坚持男女平等基本国策，保障妇女儿童合法权益。大力发展老龄服务事业和产业。健全残疾人社会保障和服务体系。健全社会保障经办管理体制，建立更加便民快捷的服务体系。建立覆盖城乡居民的社会保障体系。以社会保险、社会救助、社会福利为基础，以基本养老、基本医疗、最低生活保障制度为重点，以慈善事业、商业保险为补充，加快完善住房保障体系，支持城乡居民通过各种渠道解决住房问题，加快解决城市低收入家庭住房困难，努力满足人民群众住房需求。

五是要提高人民健康水平。健康是促进人的全面发展的必然要求。要坚持为人民健康服务的方向，坚持预防为主、以农村为重点、中西医并重，按照保基本、强基层、建机制要求，重点推进医疗保障、医疗服务、公共卫生、药品供应、监管体制综合改革，完善国民健康政策，为群众提供安全有效方便价廉的公共卫生和基本医疗服务。健全全民医保体系，建立重特大疾病保障和救助机制，完善突发公共卫生事件应急和重大疾病防控机制。巩固基本药物制度。健全农村三级医疗卫生服务网络和城市社区卫生服务体系，深化公立医院改革，鼓励社会办医。扶持中医药和民族医药事业发展。提高医疗卫生队伍服务能力，加强医德医风建设。改革和完善食品药品安全监管体制机制。开展爱国卫生运动。坚持计划生育的基本国策。坚持公共医疗卫生的公益性质，加快建设公共医疗保障体系，为群众提供安全、有效、方便、价廉的医疗卫生服务。

六是要加强和创新社会管理。提高社会管理科学化水平，必须加强社会管理法律、体制机制、能力、人才队伍和信息化建设。改进政府提供公共服务方式，加强基层社会管理和服务体系建设，增强城乡社区服务功能，充分发挥群众参与社会管理的基础作用。完善和创新流动人口和特殊人群管理服务。正确处理人民内部矛盾，建立健全党和政府主导的维护群众权益机制，畅通和规范群众诉求表达、利益协调、权益保障渠道。建立健全重大决策社会稳定风险评估机制。强化公共安全体系和企业安全生产基础建设，遏制重特大安全事故。深化平安建设，完善立体化社会治安防控体系，强化司法基本保障，依法防范和惩治违法犯罪活动，保障人民生命财产安全。完善国家安全战略和工作机制，高度警惕和坚决防范敌对势力的分裂、渗透、颠覆活动，确保国家安全。

我们必须更加自觉地把以人为本作为深入贯彻落实科学发展观的核心立场，始终把实现好、维护好、发展好最广大人民根本利益作为一切工作的出发点和落脚点。发展的最终目的是为了人民群众，在致力加快经济发展的同时，只有始终坚持以人为本，着力民生、服务民心，重视保障人民群众的利益，不断改善和提高广大人民群众的生活水平、生活环境和生活质量，不断推进社会主义和谐社会建设，不断提升民生保障水平，让广大人民群众共享改革发展的成果，才能赢得广大人民群众的拥护和支持，只有把保障和改善民生工作做好了，才能调动广大群众的积极性主动性，增强经济社会发展的协调性，促进社会的和谐稳定。因此，深入贯彻落实科学发展观，要始终坚持把保障和改善民生作为促进经济平稳较快发展、保持社会和谐稳定的基础工程来抓，采取更加有力的措施解决好就业、医疗、住房等关系群众生活的实际问题，进一步加强社会保障体系建设，努力实现广大群众普遍安居乐业，促进社会和谐发展。

四、推进生态文明

坚持科学发展观，这是我们党科学发展、和谐发展理念的一次升华，用科学发展观指导建设生态文明，基本形成节约能源资源和保护生态环境的产业增长结构、增长方式、消费模式，生态文明观念在全社会牢固树立。因此，结合生态文明建设，首要的是将科学发展观落实到具体的行动上。全面树立和落实科学发展观，要倡导生态优先理念，大力发展生态产业，改善生态环境质量，推进生态文化建设，积极探索谋求经济效益和生态效益双赢的路子。

中国资源短缺，国土面积的65%是山地或丘陵，70%面积每年受季风影响，33%是干旱或荒漠地区，55%的国土面积不适宜人类生活和生产。人均资源占有量也严重不足，多种矿产资源的人均占有量不到世界平均水平的一半，多种重要战略资源人均拥有量低于世界平均水平，我国石油及重要矿产资源的对外依存度在快速上升。我国环境污染严重，环境状况总体恶化趋势没有根本遏制，一些重点流域水污染严重，城市灰霾天气增多，生态系统退化，全国水土流失面积、沙化土地面积在逐年增加，草原在不同程度退化，地面沉陷面积不断扩大，生态系统破坏带来的自然灾害频发。这些问题的产生，一方面是因为我国人口众多、资源短缺、环境容量有限、生态脆弱，加之我国发展很快，发达国家几百年逐步显露的问题，在我国被压缩到几十年集中显现，另一方面，我们的经济发展方式没有根本转变，生态文明的理念没有牢固树立，生态不文明的做法还很普遍。从源头上、从根本上跨过资源环境这道槛，不仅要加快转变经济发展方式，还必须大力推进生态文明建设。

生态文明建设是我们党对自然规律及人与自然规律认识的成果，改革开放以来，我们党相继提出建设社会主义从两位一体的物质文明和精神文明建设到三位一体的物质文明、精神文明和政治文明建设，再到四位一体的物质文明、精神文明、政治文明和生态文明建设，再到五位一体的经济建设、政治建设、文化建设、社会建设和生态文明建设，体现了我们党愈来愈重视资源节约和环境保护问题。1997 年，中共十五大报告中明确提出了实施可持续发展战略；2002 年中共十六大会议上关于生态和环境问题的一些新提法的出现，标志着我们党已初步确立了社会主义生态文明观；2007 年，党的十七大报告在全面建设小康社会奋斗目标的新要求中，第一次明确提出了建设生态文明的目标；党的十七届四中、五中全会对生态文明建设进一步作出战略部署，要求提高生态文明水平。党的十七届五中全会明确要求“树立绿色、低碳发展理念”；2012 年，十八大报告将生态文明建设写入党章并作出阐述，使中国特色社会主义事业总体布局更加完善，使生态文明建设的战略地位更加明确，有利于全面推进中国特色社会主义事业。

党的十八大报告指出：“建设生态文明，是关系人民福祉、关乎民族未来的长远大计。面对资源约束趋紧、环境污染严重、生态系统退化的严峻形势，必须树立尊重自然、顺应自然、保护自然的生态文明理念，把生态文明建设放在突出地位，融入经济建设、政治建设、文化建设、社会建设各方面和全过程，努力建设美丽中国，实现中华民族永续发展。”走生态文明发展的道路，符合中国现实，顺应时代潮流，体现科学发展的时代要求。首先，建设生态文明符合我国经济社会发展趋势和规律，有利于解决当前我国经济社会发展面临的突出矛盾和问题，我国人口规模庞大，人均资源占有量少，主要污染物排放总量大，随着经济的发展，工业污染严重，环境与发展的矛盾日益突出，从20世纪90年代以来，伴随着我国经济的快速发展，资源浪费和环境污染速度也加快了，自然资源的消耗量和污染物的产生量大幅度上升，这就使我国本已短缺的资源和脆弱的生态环境面临更大的压力。建设生态文明体现了以人为本的发展要求，顺应了全国人民过上更好生活的新期待，建设生态文明是党在统筹人与自然和谐发展的前提下，本着以人为本的精神作出的一项科学决策，切实为人民群众创造良好的生产生活环境，通过全社会长期不懈的努力，使我们祖国的天更蓝、地更绿、水更清、空气更清洁，人与自然的关系更和谐。目前，我国生态环境面临的严峻形势是：人与自然不能和谐相处，造成人与自然关系紧张。我国经济的快速发展造成严重的环境污染，环境污染又造成了自然生态的严重破坏。这些环环相扣的矛盾，已开始不断侵蚀着我们国家社会和谐的基础，阻碍了我国构建和谐社会的进程。建设生态文明适应了国际形势的新变化，符合世界新科技革命的趋势，有利于我国抢占下一轮国际竞争的制高点，赢得发展的主动权。世界经济快速增长，各国对资源的争夺更加激烈，能源资源供应安全问题更加突出。我国是能源消费大国，能源安全关系到国家的经济命脉和民生大计，为了维护国家能源安全，我们必须“努力构筑稳定、经济、清洁、安全的能源供应体系，并致力于建设资源节约型、环境友好型社会，实现可持续发展”。生态文明，是关系人民福祉、关乎民族未来的长远大计，生态文明建设是我们党创造性地回答经济发展与资源环境关系问题所取得的最新理论成果，为统筹人与自然和谐发展指明了前进的方向。生态文明建设是我们党深刻把握世界发展的绿色、循环、低碳新趋向，对可持续发展的拓展和创新。

党的十八大提出了推进生态文明建设的总要求，提出树立尊重自然、顺应自然、保护自然的生态文明理念，这是推进生态文明建设的重要思想基础，体现了新的价值取向。转变生产方式和经济发展模式首先要转变人们的生产观念和经济发展理理念，首先，要在观念上要形成尊重自然、顺应自然和保护自然的理论自觉；其实，要在人们的生产、生活与消费中增强节约意识、环保意识以及生态意识，上升到行动上的自觉；最后，建设生态文明是一项长期性、艰巨性的系统工程，必须调动全社会的积极性与生态观念，加强生态文明宣传教育，增强全民节约意识、环保意识、生态意识，形成合理消费的社会风尚，营造爱护生态环境的良好风气，并转化为行动。

把生态文明建设放在突出地位，融入经济建设、政治建设、文化建设、社会建设各方面和全过程，这是推进生态文明建设的实质，也是对我国社会主义现代化建设过程提出的更新更高要求。这就要求我们把推进社会主义现代化与生态文明建设提供支持和保障，统筹协调发展，打破可持续发展的僵局。第一，转变经济增长方式，突破能源资源瓶颈，大力发展循环经济和环保产业，对于实现生态文明具有基础作用。第二，通过加强政治建设保障经济增长方式转变。在发展生态文明的道路上，只有加强政治建设，让更多的人在法制的轨道上行使自己的民主权利，合理地处理利益关系、调整利益格局，及时处理各种社会矛盾，才能保证社会可持续发展的方向。第三，加强生态文化培育与宣传，为生态文明建设注入灵魂。第四，加强社会建设，为生态文明建设创造广泛的社会条件和群众基础。

坚持节约资源和保护环境的基本国策，坚持节约优先、保护优先、自然恢复为主的方针，这是推进生态文明建设的基本政策和根本方针。在资源方面，要保护自然，坚持资源的合理开发、利用和节约并举，建设资源节约型社会。在环境方面，保护和改善生态环境，控制环境污染，加强对环境污染的治理，建设环境友好型社会。

着力推进绿色发展、循环发展、低碳发展，这是推进生态文明建设的基本途径和方式，也是转变经济发展方式的重点任务和重要内涵。在经济发展中，要尽可能减少单位产品的资源消耗强度和能源消耗强度，减少污染物排放，减少废弃物产生。积极发展节能产业，推广高效节能产品。加快发展资源循环利用产业，推动矿产资源和固体废弃物综合利用。大力发展环保产业，壮大可再生能源规模。积极发展循环经济，促进生产、流通、消费过程中的减量化、再利用、资源化。

形成节约资源和保护环境的空间格局、产业结构、生产方式、生活方式，这是推进生态文明建设的重要目标。要努力形成同传统工业文明那种大量生产、大量消费、大量废弃、大量占用自然空间不同的经济结构、社会结构和发展方式。在现代化建设中，要尽可能集中集约利用国土空间，减少对自然生态空间的占用；提高能源资源消耗少、污染排放少的产业以及循环经济在国民经济中的比重；充分利用节能减排技术和生产工艺进行生产制造；倡导和推行绿色消费、低碳消费、适度消费。

从源头上扭转生态环境恶化趋势，为人民创造良好生产生活环境，努力建设美丽中国，实现中华民族永续发展，为全球生态安全作出贡献，这是推进生态文明建设的目的。

生态文明建设是个长期的过程，依赖于一个规范的、长期的、稳定的制度环境，形成“硬约束”的长效机制。制度建设是推进生态文明建设的重要保障，要在五个方面加强生态文明制度建设。一要加强生态文明考核评价制度建设。必须改变唯 GDP 的观念，淡化 GDP 考核，增加生态文明在考核评价中的权重，把资源消耗、环境损害、生态效益纳入经济社会发展评价体系，建立体现生态文明要求的目标体系、考核办法、奖惩机制。二要健全基本的管理制度。根据我国国土空间开发管理制度缺失的问题，必须建立国土空间开发保护制度。如，对国家重点生态功能区和农产品主产区要建立限制开发的制度，对依法设立的各级自然保护区、世界文化自然遗产、风景名胜区、森林公园、地质公园等要建立禁止开发的制度。三要建立资源有偿使用制度和生态补偿制度。能源、水资源、土地资源、矿产资源等资源性产品的价格改革和税费改革还不到位，资源有偿使用制度虽已确立，但没有体现生态价值，生态补偿制度正在探索中。要深化资源性产品价格和税费改革，建立反映市场供求和资源稀缺程度、体现生态价值和代际补偿的资源有偿使用制度和生态补偿制度。四要建立市场化机制。建设生态文明同样需要依靠市场机制，要用市场化办法促进资源节约和生态环境保护，积极开展节能量、碳排放权、排污权、水权交易试点。五要健全责任追究和赔偿制度。资源环境是重要的公共产品，对其的破坏和损害要追究责任，进行赔偿。要加强环境监管，健全生态环境保护责任追究制度和环境损害赔偿制度。

五、扎实推进社会主义文化强国建设

科学发展观为推进社会主义文化强国建设开辟了道路、指明了方向。贯彻落实科学发展观关键要紧密结合文化建设的实际，要始终坚持以发展为主题，把发展作为第一要务，用发展的办法解决前进中的问题，既积极为经济建设中心服务，又努力实现文化自身的繁荣发展；始终坚持以人为本，以满足人民群众精神文化需求为出发点和落脚点，做到文化发展为了人民、发展依靠人民、发展成果由人民共享，努力促进人的全面发展；始终坚持全面协调可持续，着力解决影响文化科学发展的突出问题，协调好文化建设的各个领域、各个方面，努力促进文化持续快速健康发展；始终坚持统筹兼顾，立足全局、着眼长远，正确认识和妥善处理涉及文化改革发展中的各种重大关系，不断提高文化建设的科学化水平。

文化是一个民族的凝聚力和创造力的体现，是一个国家综合国力竞争的重要因素，是民族的血脉，是人民的精神家园。全面建成小康社会，实现中华民族伟大复兴，必须推动社会主义文化大发展大繁荣，兴起社会主义文化建设新高潮，提高国家文化软实力，发挥文化引领风尚、教育人民、服务社会、推动发展的作用。科学发展观的核心是以人为本，以人为本的文化建设，就是要贴近群众，以服务人民为根本宗旨来满足人民群众精神文化需求，进而促进人的全面发展，使社会文化生活更加丰富多彩，使人民精神风貌更加昂扬向上。

胡锦涛同志指出，建设社会主义文化强国，必须走中国特色社会主义文化发展道路，坚持为人民服务、为社会主义服务的方向，坚持百花齐放、百家争鸣的方针，坚持贴近实际、贴近生活、贴近群众的原则，推动社会主义精神文明和物质文明全面发展，建设面向现代化、面向世界、面向未来的，民族的科学的大众的社会主义文化。

胡锦涛同志强调，建设社会主义文化强国，关键是增强全民族文化创造活力。要深化文化体制改革，解放和发展文化生产力，发扬学术民主、艺术民主，为人民提供广阔文化舞台，让一切文化创造源泉充分涌流，开创全民族文化创造活力持续迸发、社会文化生活更加丰富多彩、人民基本文化权益得到更好保障、人民思想道德素质和科学文化素质全面提高、中华文化国际影响力不断增强的新局面。要从以下方面推进社会主义文化强国建设。

一是要加强社会主义核心价值体系建设。文化是一个国家的核心竞争力，是建设社会主义核心价值体系的关键所在，要以马克思主义指导思想，中国特色社会主义共同理想，爱国主义为核心的民族精神和以改革创新为核心的时代精神，以社会荣辱观作为社会主义核心价值体系的主要内容，引领社会思潮，大力弘扬爱国主义。要深入开展社会主义核心价值体系学习教育，用社会主义核心价值体系引领社会思潮、凝聚社会共识。推进马克思主义中国化时代化大众化，坚持不懈用中国特色社会主义理论体系武装全党、教育人民。广泛开展理想信念教育，把广大人民团结凝聚在中国特色社会主义伟大旗帜之下。大力弘扬民族精神和时代精神，深入开展爱国主义、集体主义、社会主义教育。倡导富强、民主、文明、和谐，倡导自由、平等、公正、法治，倡导爱国、敬业、诚信、友善，积极培育社会主义核心价值观。2006年3月，胡锦涛同志在《牢固树立社会主义荣辱观》中指出："要教育广大干部群众特别是广大青少年树立社会主义荣辱观，坚持以热爱祖国为荣、以危害祖国为耻，以服务人民为荣、以背离人民为耻，以崇尚科学为荣、以愚昧无知为耻，以辛勤劳动为荣、以好逸恶劳为耻，以团结互助为荣、以损人利己为耻，以诚实守信为荣、以见利忘义为耻，以遵纪守法为荣、以违法乱纪为耻，以艰苦奋斗为荣、以骄奢淫逸为耻。"社会主义荣辱观体现了社会主义道德规范的本质要求。荣辱观同苦乐观、生死观一样，是世界观、价值观和人生观的重要内容。世界观是人们对世界本质及其规律的一般看法，人生观是一种人生的目的、意义的认识和对人生的态度，价值观是人们衡量不同事物的价值标准的基本观点。荣誉和耻辱属于道德观念的范畴，它反映了社会对人们行为的褒贬评价以及人们对这种评价的自我感受等，依据一定的荣辱标准进行自我评价和社会评价，逐渐形成了个人的荣辱观念。以"八荣八耻"为主要内容的社会主义荣辱观，把社会主义道德的核心、原则和基本要求和规范结合起来，体现中华民族传统美德和时代要求，反映社会主义世界观、价值观和人生观，明确了当代中国最基本的价值取向和行为准则，是马克思主义道德观的精辟概括，是新时期社会主义道德的系统总结。社会主义荣辱观，涵盖了个人、集体、国家三者的关系，弘扬了中国共产党人的优良传统，体现的是为人民服务的人生观；体现的是家庭生活、职业生活、社会公共生活中公民应当遵循的基本准则；体现的是以改革创新为核心的时代精神的根本要求，是对我们党关于社会主义道德建设思想的高度继承和发展。新中国成立之初，毛泽东同志明确提出了培养千百万德、智、体全面发展的社会主义事业接班人的战略任务。在改革开放时期，邓小平同志继承和发展了毛泽东的这一伟大思想，把新时期社会主义事业接班人的要求概括为有理想、有道德、有文化、有纪律的社会主义事业的接班人。在推进中国特色社会主义事业的实践中，江泽民同志也非常重视青少年的思想道德教育问题，进一步丰富了培育社会主义"四有"新人的思想。以"八荣八耻"为主要内容的社会主义荣辱观，是对中国特色社会主义事业需要的合格公民提出的新要求。

二是要全面提高公民道德素质。加快文化事业和文化产业发展，不断提高我国文化的总体实力和国家竞争力。文化软实力是一个国家国际竞争力的重要体现，要想在国际竞争中赢得主动，在经济实力、科技实力与国防实力加强的同时，也要注重文化软实力的提高。发展是解决中国问题的关键，也是提高国家文化软实力的关键，文化发展是经济社会发展的重要内容和重要支撑，文化建设也要从社会主义初级阶段的基本国情出发，从经济社会发展实际出发，科学制定规划，合理安排投入，调动社会各个方面各极参与文化建设，充分发挥人民群众在文化建设中的作用，调动广大人民群众和文化工作者的积极性，推动中国文化的大发展大繁荣。深化文化体制改革、加大财政投入、发展公益性文化事业，优先安排关系群众切身利益的文化建设，创造有利条件动员社会各个方面共同参与文化建设。我们要有强烈的发展意识，推动我国文化产业的快速发展和文化事业的全面繁荣。要坚持依法治国和以德治国相结合，加强社会公德、职业道德、家庭美德、个人品德教育，弘扬中华传统美德，弘扬时代新风。推进公民道德建设工程，弘扬真善美、贬斥假恶丑，引导人们自觉履行法定义务、社会责任、家庭责任，营造劳动光荣、创造伟大的社会氛围，培育知荣辱、讲正气、作奉献、促和谐的良好风尚。深入开展道德领域突出问题专项教育和治理，加强政务诚信、商务诚信、社会诚信和司法公信建设。加强和改进思想政治工作，注重人文关怀和心理疏导。深化群众性精神文明创建活动，广泛开展志愿服务，推动学雷锋活动、学习宣传道德模范常态化。

三是要丰富人民精神文化生活。坚持以人为本，提高文化产品和服务的多样性，努力满足人民群众日益增长的文化需求，以人民群众为根本力量，努力发展文化事业、文化产业，适应人们文化需求的多层次、多样化的形势，主动做好意识形态工作。文化的进步反映社会文明的进步，进而推动人的进步与全面发展。我国总体文化发展水平还不高，人们精神文化需求日益增长，这就要求我们必须加快文化建设的脚步，更好地满足不同地域、不同层次、不同群体、不同年龄人们健康向上的文化需求，保障人民群众的文化权益，丰富人们的精神世界，并依靠群众的力量不断推动社会主义文化大繁荣。要坚持以人民为中心的创作导向，提高文化产品质量，为人民提供更好更多精神食粮。坚持面向基层、服务群众，加快推进重点文化惠民工程，加大对农村和欠发达地区文化建设的帮扶力度，继续推动公共文化服务设施向社会免费开放。建设优秀传统文化传承体系，弘扬中华优秀传统文化。推广和规范使用国家通用语言文字。繁荣发展少数民族文化事业。开展群众性文化活动，开展全民阅读活动。加强和改进网络内容建设，唱响网上主旋律。普及科学知识，弘扬科学精神，提高全民科学素养。广泛开展全民健身运动，促进群众体育和竞技体育全面发展。

四是要增强文化整体实力和竞争力。当今中国，各族人民正在中国共产党领导下，坚持走中国特色社会主义道路，奋力实现中华民族的伟大复兴，这是我们这个时代最鲜明的主旋律，要以社会主义核心价值体系为指导，贯彻到文化建设的各个方面，渗透到大中小学的思想政治课之中，贯穿到日常宣传报道之中，融入日常生产与生活之中，通过新闻媒体及群众文化活动将社会主义核心价值体系融入国民教育，使社会主义核心价值体系成为社会主旋律，引领社会思潮，形成全民奋发向上的精神力量和团结和睦的生活氛围。要坚持把社会效益放在首位、社会效益和经济效益相统一，推动文化事业全面繁荣、文化产业快速发展。发展哲学社会科学、新闻出版、广播影视、文学艺术事业。加强重大公共文化工程和文化项目建设，完善公共文化服务体系。促进文化和科技融合，发展新型文化业态，提高文化产业规模化、集约化、专业化水平。构建和发展现代传播体系，提高传播能力。扩大文化领域对外开放，积极吸收借鉴国外优秀文化成果。

五是鼓励文化创新，推动中华文化“走出去”。弘扬民族文化、加强对外交流、增加中华文化的影响力在全球化的今天势在必行，我国在对外开放不断扩大的新形势下推动文化建设，必须统筹国内国际两个大局，积极利用国际国内两个市场、两种资源，发扬祖国光辉灿烂的传统文化，吸收外来有益文化，增强中华文化的国际影响力和竞争力。当今社会，谁的文化理念和价值观念广为流传，谁就能掌握影响世界、影响人心的话语权，因此，我国应实施文化走出去战略，打造知名文化品牌，打造一批有国际竞争力的文化企业，扩大文化国际合作与交流，开展文化的合资合作。一个国家文化的影响力，不仅取决于内容的魅力，还取决于传播手段，因此，我国应该建建设语种多、受众广、信息量大、影响力强、覆盖全球的新闻媒体，使我们的文化更广泛地传播到世界各地，进入千家万户，着力为我国改革开放和现代化建设营造更加良好的国际舆论环境。

六、全面提高党的建设科学化水平

治党需要坚强有力，治国才会正确有效。如果党不管党、治党不严，就会严重影响党的先进性和纯洁性，严重削弱党的创造力、凝聚力、战斗力，甚至危及党的生存和发展。因此，提高党的建设科学化水平，是新形势下推进党的建设新的伟大工程，是坚持和发展中国特色社会主义的必然要求。

党的十八大报告指出，我们党担负着团结带领人民全面建成小康社会、推进社会主义现代化、实现中华民族伟大复兴的重任。形势的发展、事业的开拓、人民的期待，都要求我们以改革创新精神全面推进党的建设新的伟大工程，全面提高党的建设科学化水平。"空谈误国，实干兴邦"，"为政清廉才能取信于民，秉公用权才能赢得人心"，共产党人要始终保持清醒头脑，保持奋发有为的精神状态，保持共产党人的政治本色，肩负起人民的信任与重托，带领人民一步一个脚印地实现中华民族伟大复兴的梦想。

中国共产党的历史使命要求我们在推动党的建设时追求科学性，毛泽东在1929年提出"使党的思想和党的生活都政治化，科学化"。邓小平在改革开放之初提出"为了坚持党的领导，必须努力改善党的领导"。江泽民在十五届五中全会上提出"加强理论学习，提高党的工作的科学性"，2001年他提出"我们搞社会主义现代化建设，我们的思想方法和思维方式也必须符合现代化建设的要求，本身也应现代化，而思想方法和思维方式的现代化，也就是要按照科学精神来观察、思考和解决各种问题”。胡锦涛同志强调，“提高党的建设科学化水平，推动党的建设创新”，“提高改革决策的科学性，增强改革措施的协调性”，“要把科学发展观作为检验党的建设的重要标准”，“深入贯彻落实科学发展观，要求我们切实加强和改进党的建设，使党的工作和党的建设更符合科学发展观的要求”。胡锦涛在十八大上指出，实现党的建设的科学性，要坚定理想信念，坚守共产党人精神追求；坚持以人为本、执政为民，始终保持党同人民群众的血肉联系；要积极发展党内民主，增强党的创造活力；要深化干部人事制度改革，建设高素质执政骨干队伍；坚持党管人才原则，把各方面优秀人才集聚到党和国家事业中来；要创新基层党建工作，夯实党执政的组织基础；要坚定不移反对腐败，永葆共产党人清正廉洁的政治本色；要严明党的纪律，自觉维护党的集中统一。

在历史的新阶段新时期，我们要按照科学发展观的要求全面加强和改进党的科学性建设，提高党执政能力和保持党的先进性，中国共产党是以马克思主义为指导的无产阶级政党，共产党人的理想信念便是对马克思及共产主义的信仰，实现党的建设的科学性，便是要教育党员原原本本的学习马克思主义、毛泽东思想及中国特色社会主义理论体系，以此作为其工作与行动的指南；把各方面优秀人才集聚到党和国家事业中来，广纳天下英才，是保证党和人民事业发展的根本之举；为广大人民群众谋利益是我们党保持先进性和纯洁性的必然要求，能否密切联系群众，保持同人民群众的密切联系是党工作思路的核心内容，根据十八大的部署，全党开展了以为民务实清廉为主要内容的群众路线教育实践活动，力求整治不良风气，弘扬新风正气，按照“照镜子、正衣冠、洗洗澡、治治病”的总要求整治“四风”问题，促使广大党员干部以科学发展观推动社会主义建设时发挥优良作风；反对腐败、建设廉洁政治，是党一贯坚持的鲜明政治立场，面对人民的信任和重托，面对新的历史条件和考验，腐倡廉必须常抓不懈，拒腐防变必须警钟长鸣不管涉及什么人，不论权力大小、职位高低，只要触犯党纪国法，都要严惩不贷；党的集中统一是党的力量所在，是实现经济社会发展、民族团结进步、国家长治久安的根本保证；全党必须增强忧患意识，谦虚谨慎，戒骄戒躁，始终保持清醒头脑。

党的建设是一项系统工程，包括在党的执政能力建设、先进性和纯洁性建设主线下的思想建设、组织建设、作风建设、反腐倡廉建设、制度建设。全面提高党的建设科学化水平，要求我们坚持"五位一体"推进党的建设。

思想建设是根本。强调从思想上建党，是我们党对马克思主义建党学说的创造性发展。加强党的思想建设，要求广大党员、干部深入系统地学习马克思列宁主义、毛泽东思想和中国特色社会主义理论体系。党的十八大报告进一步明确了科学发展观的历史地位，实现了党的指导思想又一次与时俱进。全面提高党的思想建设的科学化水平，必须深入学习领会科学发展观，切实用以武装头脑、指导实践、推动工作。

组织建设是基础。我们党是按照一定组织原则组织起来的有机整体，没有党的组织，就没有党；没有组织性，党就没有创造力、凝聚力、战斗力。马克思主义政党之所以是先进政党，不仅在于它确立了马克思主义理论指导下的思想统一，还在于这种统一是由民主集中制原则确立的组织统一和行动统一来保证的。这就要求我们不断提高党的组织建设的科学化水平。

作风建设是关键。党的作风关系党的形象，关系党和人民事业的成败。只有大力弘扬党的优良作风，以优良党风促政风带民风，才能形成凝聚党心民心的强大力量，不断把我们的事业推向前进。进一步加强党的作风建设，必须按照党的十八大的要求部署，认真抓好中央关于改进工作作风、密切联系群众的八项规定和习近平在十八届中央纪委二次全会上重要讲话精神的贯彻落实。

反腐倡廉建设是重大政治任务。抓住正确行使权力这个关键，建立健全结构合理、配置科学、程序严密、制约有效的权力运行机制。进一步加大惩治腐败工作力度，坚持标本兼治、综合治理、惩防并举、注重预防的方针，建立健全教育、制度、监督并重的惩治和预防腐败体系。

制度建设是保证。完善民主集中制，扩大党内民主；完善党的具体制度，实现党内生活的规范化。完善干部任用制度、民主监督制度、联系群众制度、党内生活制度、激励与奖惩制度等，并努力实现这些制度的相互衔接。高度重视制度的执行和落实，加强对党员、干部特别是领导干部的教育，提高其遵守和执行制度的自觉性。

习近平指出：“中国共产党是领导和团结全国各族人民建设中国特色社会主义伟大事业的核心力量，肩负着历史重任，经受着时代考验，必须坚持立党为公、执政为民，坚持党要管党、从严治党，全面加强党的建设，不断提高党的领导水平和执政水平、提高拒腐防变和抵御风险能力。提高党的建设的科学性，带领全国各族人民共筑美丽宏伟的“中国梦”。

第六章 科学发展观对青少年成长的指导意义

恩格斯曾经说过，马克思的整个世界观不是一种教条的理论，而是一种方法，它是进一步研究的出发点以及供这种研究所使用的方法。科学发展观作为马克思主义中国化的成果，同样适用于这一论断。学习实践可续发展观，要求青少年不仅应从认识论上准确把握科学发展观的基本内涵与要求，而且还要进一步领会与掌握科学发展观对自身成长的指导意义。

科学发展观是马克思主义关于发展的世界观与方法论的集中体现。科学发展观的第一要义是发展，实现经济又快又好的发展；核心是以人为本，人民的利益是党和国家一切工作的出发点与落脚点；基本要求是全面协调可持续发展；根本方法是统筹兼顾。

在科学发展观的指导下，青少年要领会和掌握学习实践科学发展观与自身发展的联系及科学发展观的指导意义，通过学习科学发展观，青少年应该了解自身的社会定位、价值取向以及应该努力的方向；青少年应该从现实和历史的角度了解认清国情，努力做社会主义建设者和接班人；注重自身的全面发展；养成科学的思维方式，树立终身学习的理念和环保理念与资源忧患意识等等。青少年要努力把自己培养成为理想远大、信念坚定的新一代，脚踏实地、开拓进取的新一代，知识丰富、视野开阔的新一代，让青春、激情与热血在建设中国特色社会主义的伟大事业中焕发出更加绚丽的光彩。

一、学习实践科学发展观与青少年发展的联系

很长一段时间以来，发展一般都被简单地解释为经济增长，单纯追求国民生产总值的高速增长就成为一个国家或地区的主要目标。通过对我国三十多年改革开放和现代化实践经验的深刻总结，我们党逐渐形成了具有中国特色的马克思主义发展观——科学发展观。马克思认为："个人的全面发展，只有到了外部世界对个人才能的实际发展所起的推动作用为个人本身所驾驭的时候，才不再是理想、职责等等，这也正是共产主义者所向往的。"青年是实现民族伟大复兴的希望，是推进社会发展的生力军，是社会发展的重要推进力量。通过科学发展观的指导，解决青年发展中存在的突出问题，促进青年发展进而推动经济发展和社会进步，实现青年自身生活水平的提高和生活质量的改善；通过促进青年人的现代化进而推进社会的现代化。

历届党中央领导集体都十分关心和重视青少年的成长和发展。毛泽东把青少年比作早晨八、九点钟的太阳，提出青少年是推动社会进步的朝气蓬勃的力量，指出："世界是你们的，也是我们的，但是归根结底是你们的。你们青年人朝气蓬勃，正在兴旺时期，好象早晨八、九点钟的太阳。希望寄托在你们身上。世界是属于你们的。

中国的前途是属于你们的。”邓小平高度重视青少年的作用，指出在青少年身上寄予了我们事业兴旺发达的光辉前景，指出：“共产主义青年团的整个历史表明，它是党的可靠的后备军和有力的助手。当青年团在一九四九年恢复它的组织的时候，它的名称是中国新民主主义青年团。从那时以来，青年团的团员已经发展到两千万人，在各个战线上，我们都可以看到他们的积极活动。青年是我们的未来，我们的一切事业的继承者。因此，我们相信，各级党组织一定不会在执行这些任务的时候，吝惜自己的精力。”江泽民指出：“青年兴则国家兴，青年强则国家强；青年有希望，未来发展就有希望”，“青年是社会中最富有活力的部分，是我们事业的希望。二十一世纪是你们的世纪。中国社会主义现代化建设的重任，历史地落在你们的肩上。老一代牺牲奋斗取得的成果，需要你们去巩固和发展。老一代坚持革命斗争方向的英勇精神，需要你们去继承和发扬。社会主义祖国的美好未来，需要你们去创造。青年要勤奋学习，努力实践，不断充实和提高自己。这是党和人民的殷切希望。我们坚信，有广大青年的生气勃勃的工作和劳动，有广大工人、农民、知识分子的团结奋斗，我国的社会主义现代化建设事业一定有光明的前途！”胡锦涛指出：“一个有远见的民族，总是把关注的目光投向青年；一个有远见的政党，总是把青年看作推动历史发展和社会前进的重要力量”，“青年是祖国的未来、民族的希望。全面建设小康社会、加快推进社会主义现代化的历史任务需要青年们奋勇承担，中华民族伟大复兴的光明前景需要青年们奋力开创。希望全国广大团员和各族青年牢记党和人民的重托，自觉担负起时代的重任，以英雄模范为榜样，努力成为理想远大、信念坚定的新一代，品德高尚、意志顽强的新一代，视野开阔、知识丰富的新一代，开拓进取、艰苦创业的新一代，让青春在建设中国特色社会主义的伟大事业中焕发出更加绚丽的光彩。”习近平指出：“青年最富有朝气、最富有梦想，青年兴则国家兴，青年强则国家强。青年一代有理想、有担当，国家就有前途，民族就有希望。中国梦是我们的，更是青年一代的。中华民族伟大复兴终将在广大青年的接力奋斗中变为现实。”在2013年的五四青年节到来之际，习近平指出：“历史和现实都告诉我们，青年一代有理想、有担当，国家就有前途，民族就有希望，实现我们的发展目标就有源源不断的强大力量。中国梦是历史的、现实的，也是未来的；是国家的、民族的，也是每一个中国人的；是我们的，更是青年一代的。”

科学发展观是从历史的角度审视青少年的价值。回顾近代以来的中国历史，可以说是一部中国青少年浴血奋斗的血泪史。从鸦片战争到中日甲午战争、从戊戌变法到辛亥革命，都有无数热血青年顽强反抗西方列强奴役和封建压迫的身影。中国共产党的诞生更使青年运动有了正确的领导和坚定的方向，一批又一批的热血青年在中国共产党的领导下，为了民族独立和解放，献出了自己的青春和力量，他们为共和国的成立付出了不朽的努力。新中国成立以来，广大青少年继续响应国家号召，积极参加到社会主义建设中来。改革开放以来，青少年一代适应改革开放和现代化建设的步伐，积极投身于社会主义市场经济发展事业，表现出了巨大的创造力与活力。

科学发展观是从现实的角度肯定青少年的价值。中华民族的伟大复兴，需要一代又一代的青少年为之努力奋斗。广大青少年无疑是社会主义伟大事业稳步推进的中坚力量，老一辈开创的伟大事业必将由青少年一代继承和发展，振兴中华的历史重任必将落在青少年一代身上。青少年始终是我国社会中最活跃、最积极、最有生气的力量。我们党领导人民进行革命、建设、改革所取得的辉煌成就，都需要一代又一代青少年继承和发展，他们是中国革命、建设、改革的生力军和突击队。

科学发展观是以发展的眼光重视青少年的价值。青少年一代拥有无限的发展潜力，他们的价值将在未来得到充分体现。历年来，我们党和社会都站在党和国家事业薪火相传、后继有人的战略高度，关心青年一代的成长。当代中国青少年是值得信赖、大有希望的一代，是党和国家事业发展的可靠接班人和强大生力军。在改革开放中成长起来的新一代青少年，是热爱党、祖国和人民的一代，是充满理想、希望、值得信赖的一代。国家的繁荣昌盛和民族复兴不仅需要青少年的艰辛努力，还要一代又一代青少年不懈努力。因此，从发展的角度充分肯定青少年在国家和社会未来发展中的重要作用，体现了科学的青少年发展视角。

优秀的青少年是中华民族的伟大复兴的希望，科学发展观推进青少年学生的思想道德建设进入一个新境界，使中华民族的传统美德薪火相继。当代青少年应勇敢地担当起历史重任和社会责任，以科学发展观引领价值取向和价值追求，牢牢记住对社会承担责任，展现自己的人生价值。

二、科学发展观对青少年发展的指导意义

2012 年 11 月 8 日，中共中央总书记胡锦涛代表十七届中央委员会向中共第十八次代表大会作了题为《坚定不移沿着中国特色社会

主义道路前进为全面建成小康社会而奋斗》的报告，报告昭示了当代青少年的历史使命，就是要坚定不移地走中国特色社会主义道路，把自己的青春和热血熔铸在实现中华民族伟大复兴的历史丰碑中。青少年要坚定共产主义的理想信念和正确的政治方向，为实现社会主义现代化奋斗终身。当代青年要以理想信念教育为核心，深入进行树立正确的世界观、人生观和价值观教育，树立崇高的理想信念、坚定正确的政治方向，时刻铭记自己的使命感和责任感。而科学发展观不仅为青少年成长成才从人生、道德、价值观等提供理论指导和奋斗目标，而且也让青少年能够共享社会主义建设的伟大成果。青少年是成长的群体、发展的群体，正处于人生发展的机遇期，科学发展观中蕴含的世界观、方法论是指导我们学习成长的有力武器，认真学习、正确认识、深入领会科学发展观，对于正在成长、发展中的青年人来说很有意义、十分重要。科学发展观坚持发展为了人民、发展依靠人民、发展成果由人民共享，这当然也包括当代青少年，科学发展观与青少年成长成才都是为了更好地实现社会和谐，创建现代化的中国。科学发展观对青少年的发展有重要的指导意义：

首先，科学发展观指导青少年完善自身知识体系。科学发展观要求我们全面、协调发展自己，这就要求我们有一个完善的知识结构，所谓完善的知识结构，就是既有精深的专业知识，又有广而博的知识面，完善的知识结构有利于我们全面提高自身素质，有利于全面地发展我们的综合能力。青少年建立知识结构，一定要防止知识面过窄的单打一偏向。当然，建立合理的知识结构是一个复杂长期的过程，因而青少年在日常学习过程中要学会规划自己的学习计划。科学发展观要求我们科构建全面、协调发展的观念，要多读书、多学习、多思考，通过完善知识体系来填充和支撑自己独立的思想体系。青少年是人生航程的重要港湾，是学习的黄金时间，是自主学习、主动学习的“自由期”，这就要求青少年要以高度的自觉自律精神全面、协调的发展自己，完善综合素质，完善知识结构。目前，我国青少年还存在着重理轻文、重技术轻人文的观念，因而综合素质综合能力得不到提高和完善。这种偏向亟需纠正，如果没有全面发展自己，没有树立正确的世界观、人生观、价值观和科学的人文精神，就是一个不适应和谐社会发展的人。由此可见，我们青少年应该在掌握好专业基础知识的基础上，广泛的涉猎其他学科，以丰富知识、提高能力，做一个全面协调发展、与社会同步的人。要不断使自己的思想体系的结构科学化、合理化，屏弃不良思想。当代绝大多数青少年存在着对自身定位模糊，人生目标不精确，社会使命不清楚的三大问题。科学发展观恰恰回答了这三大问题：青少年要认清时代的特点，努力提高自己素质，把握难得的历史机遇，珍惜和抓住从来没有过的黄金机遇期，自觉把人生追求同国家和民族的前途命运联系起来，在为国家发展和民族振兴的不懈奋斗中，创造无愧于人生的业绩。

其次，科学发展观明确了青少年的价值取向。科学发展观中蕴含的以人为本的价值取向和价值标准，有助于我们正确把握人生方向，进而实现个人价值与社会价值。虽然科学发展观更多地是解决一个党的执政方式和国家的发展战略、社会的发展方式问题，但其核心是为谁发展、如何发展的问题，其中所蕴含的价值取向完全可以普遍适用。科学发展观的核心和本质是以人为本，既重视每个公民自由而全面的发展，同时也强调每一个人的发展是其他人发展的前提，体现了个人价值与社会价值的有机结合。科学发展观要求我们把个人发展与国家社会发展统一起来，把个人的发展置于国家社会发展的大背景下，在个人发展的同时，强调对国家和社会的奉献与社会责任感，科学发展观要求人有崇高的理想，健全的人格；要求人勤奋学习，敬业奉献；要求人公正诚信，团结友善，关心集体，艰苦奋斗。要培养青少年的社会责任感就必须以科学发展观为指导，开展社会主义核心价值体系建设。用爱国主义、民族精神，激发社会责任感；用崇高信念、远大理想，培养社会责任感；用集体观念增强社会责任感；在实践中树立社会责任感。当前我国的经济体制属于社会主义市场经济，在市场经济的大环境下，竞争变得日益激烈，只有广大青少年努力提高自身综合素质才能成为我国社会主义现代化建设的强者。随着科学技术的发展，青少年要承担起我国建设成科技高度发达的社会主义现代化国家的历史使命，实现我国从引进、消化和模仿到前沿技术的自主创新。同时，市场经济需要高尚的道德为依托，道德缺失和信用缺失会把市场经济推向崩溃。因此，当前我国在实现市场经济体制改革的过程中，对人的素质提出了全面要求，特别是广大的青少年朋友，必须确立社会主义核心价值体系和马克思主义社会主义理想和信念，科学发展观着实回答了青少年的价值取向问题。

最后，科学发展观确定了青少年的努力方向。马克思说："人的本质不是单个人所固有的抽象物，在其现实性上，是一切社会关系的总和。"这说明，我们每个人既是社会的组成部分，同时我们还有一个推动社会前进的责任，这就要求我们强化责任意识和担当精神，负起由我们该承担的责任。事实上，也只有拥有了这种担当精神，才能为社会所接受，才有可能实现更大的个人价值和社会价值。在全面建设小康社会和实现社会主义现代化的进程中，当代青少年必须对我可以为四个现代化的建设做些什么作科学回答，也就是青少年要树立基本的价值观和努力的方向，祖国的利益高于一切！无论做什么事情，青少年必须树立起牢固的国家意识、国家观念和国家情感，坚持人民的利益。青少年要认识到只有在奉献社会的过程中才能实现自我价值，也要认识到只有把自己最宝贵的青春奉献给振兴中华民族的伟大事业中才是无悔的青春。青少年要以高度的自觉自律精神培养自己的集体主义感、敬业奉献和诚实信用品质、强烈的社会责任感和历史使命感，摈弃自我中心。一方面要不断扩大自我生活的圈子，提升人生境界，学会关心他人和社会，把自己融入社会，以人民、国家的利益为重，个人利益服从集体、社会利益，尽职尽责地做好本职工作；另一方面，又要在社会允许的条件下，充分发挥个性，实现个人的利益和价值，去创造丰富多彩的、自己满意的生活方式，把聪明才智和潜能充分发挥出来，推动社会进步和自身的发展。要正确地认识自我，明确人格塑造的目标、内容、途径和方法。要积极参加实践活动发展良好的人际关系。用自己优良的人格品质感染他人，教育他人，创造良好的成长环境，做到言行一致，意志坚定。关心他人的需要、给人真诚的赞美。通过全面贯彻落实科学发展观，对于青少年可以有效实现做学问与做人、理论与实践、知识和能力、技术素养与人文素养、健康身体与心理等有机结合，实现自身和谐健康的成长。全面落实科学发展观，树立社会主义和谐社会核心价值体系，争取在思想上力求先进，力求把我们的国家建设成富强、民主、文明、和谐的社会主义现代化国家，最终实现国家统一和民族振兴。只有将科学发展观内化为追求积极向上的以人为本的价值目标，才能保证你获得一个有价值的人生，这也是人类走向进步的内在动因。

三、青少年要认清国情

2012年11月，中国共产党召开了第十八次全国代表大会，这是在我国进入全面建成小康社会决定性阶段召开的一次十分重要的大会，大会总结了我国在各方面工作都取得的重大成就：经济实现了平稳较快发展，改革开放取得了重大进展，人民生活水平得到了显著提高，民主法制建设迈出新步伐，文化建设迈上新台阶，国防和军队建设开创新局面等等。但是在社会主义建设的过程中依然存在不少困难和问题在三十多年的改革开放的过程中，我国一味追求粗放型的经济增长方式，导致我国的经济发展暴露了许多问题，如区域、城乡发展的不平衡、居民收入分配差距依然较大、产业和就业结构的失调、制约科学发展的体制机制障碍较多、环境恶化等一系列问题，这些也称为了我国必须要解决的问题，同时也为广大青少年建功立业开拓了广阔天地。党的十八大报告进一步指出“建设中国特色社会主义，总依据是社会主义初级阶段，总布局是五位一体，总任务是实现社会主义现代化和中华民族伟大复兴”。十八大报告的这一重要论断是我们党不断深化对中国特色社会主义规律认识的新成果，对于我们坚持一切从实际出发，立足基本国情，夺取中国特色社会主义新胜利，具有重要意义。十八大报告中再一次重申了我国的基本国情，其科学依据主要有四个方面：一是我国仍处于并将长期处于社会主义初级阶段的基本国情没有变；二是人民日益增长的物质文化需要同落后的社会生产之间的矛盾这一社会主要矛盾没有变；三是我国是世界最大发展中国家的国际地位没有变；四是经济建设为中心的发展路子没有变。十八大报告中重申的基本国情是对我国现状的历史性定位，是我们促改革谋发展的根本依据；是我们了解国情、制定政策的出发点与落脚点。作为当代青少年，要学习实践科学发展观，做社会主义的建设者和接班人，就要认清中国国情这个最大实际，准确把握未来中国发展脉络，并使自身的知识结构、技能、专业背景及就业方向适应社会发展的趋势和要求。青少年要脚踏实地、努力学习科学文化知识、谦虚谨慎，只有这样才能在社会主义的建设过程中施展自己的才华，实现自己的远大抱负。

“一个有远见的民族，总是把关注的目光投向青年；一个有远见的政党，总是把青年看作推动历史发展和社会前进的重要力量”。青少年是建设有中国特色社会主义各项事业的生力军和接班人，承担着继往开来、迎接挑战、推动中国走向世界强国之林的历史使命。胡锦涛在2007年5月4日致信中国青年群英会，对青年同志寄予厚望，鼓励青年争做四个新一代，即“理想远大、信念坚定的新一代，品德高尚、意志顽强的新一代，视野开阔、知识丰富的新一代，开拓进取、艰苦创业的新一代，让青春在建设中国特色社会主义的伟大事业中焕发出更加绚丽的光彩”！面对我国经济发展的这些阶段性特征，青少年应该坚持辩证唯物主义观点，要充分认识到改革开放所取得的巨大成就。20世纪70年代，我国人均GDP仅仅200美元，如今我国人均GDP已经达到了4 000美元，增长了二十倍，我国的综合国力大大增强，人民生活水平也显著提高，13亿中国人民实现了从温饱到小康的历史性跨越，这是人类发展史上的奇迹。广大青少年应该认识到这些社会主义建设的阶段性特征有着历史的必然性，也是经济发展过程中必然会遇到的问题，通过科学的应对是可以解决的。党和政府对现实发展过程中的矛盾和问题的深刻理解与把握，将成为党和政府实现好、维护好和发展好广大人民群众利益的基石。青少年要认清社会主义发展过程中的实际，不要妄自菲薄与自甘落后，更不要夜郎自大和急于求成。我们要科学分析我国参与经济全球化过程中的新机遇新挑战，全面认识我国经济建设过程中的新形势与新任务，自觉地走科学发展的道路。

青少年是国家的宝贵财富，是未来社会主义事业的建设者和接班人。青少年要通过学习实践科学发展观活动，用科学发展观武装头脑，深刻理解科学发展观的历史地位、时代背景、科学内涵、精神实质、根本要求，不断增强贯彻落实科学发展观的自觉性和坚定性；牢牢掌握科学发展观所蕴含的立场、观点、方法，坚定理想信念，增强对马克思主义的信仰、对中国特色社会主义的信念、对中国共产党领导的信任、对全面建设小康社会目标的信心，坚定不移地走中国特色社会主义道路；以科学发展观为指导树立正确的世界观、人生观、价值观，学习掌握适应时代要求的过硬本领，充分认识肩负的历史使命和时代重任，不断增强民族自尊心、自信心、自豪感，把个人的成长进步融入到推动国家发展、民族振兴的时代洪流中去，努力成长为德智体美全面发展的社会主义事业合格建设者和可靠接班人。

四、青少年要注重自身的全面发展

科学发展观的精髓在于坚持以人为本，主张在经济社会发展的基础上，实现人的全面发展。人的全面发展不仅包括体力和智力的发展，也包括个人社会关系的丰富和发展。青少年的发展绝不是追求功名利禄，而是包括较高的道德水平、知识水平、完善的人格修养、健康的体魄和健全的心理在内的全面发展。21 世纪的青少年应把自己造就成为德智体美全面发展的社会主义建设者和接班人才。发展是我党执政兴国的第一要务。在我国，发展首先是指经济的发展，同时也包括民主政治建设和精神文明建设，其落脚点是促进人的全面发展，这是马克思主义科学发展观的基本内涵，也是社会主义现代化建设题中应有之义。从历史发展的视角来看，社会主义制度作为人类历史上最美好的社会制度，为人的全面发展提供了最好的社会环境。这是因为社会主义社会是全面发展、全面进步的社会，社会主义现代化事业是物质文明、政治文明和精神文明相辅相成、协调发展的事业。这就为人由片面到全面、由欠缺到完善、由贫穷到富裕、由潜在的到现实的各方面的充分或最大限度的发展创造了条件。作为当代青年大学生，要树立科学发展观，在实践中用科学发展观指导自己的行动，要正确处理好影响人的全面发展的若干关系，以实现自身的全面发展。

首先，青少年要注重思想道德素质的提升。良好的品格与人格修养在青少年的成长过程中起着至关重要的作用，德才兼备已经成为了当今社会用人和选人的首要标准。青少年生正处于人生成长发展的关键时期。一个全面发展的青少年，必须具备良好的思想政治素质。在科学技术日新月异，社会主义市场经济迅速发展的今天，如果一个人思想政治素质差，缺少人文精神，即使掌握了高技术，也可能无益于社会。因此，大学生要重视思想、道德素质的培养，要改变德育与其它各育分割，分裂的观念，要做到互相渗透、协调使其成为一体。青少年应该主动学习社会主义思想道德教育和法制教育，践行社会主义荣辱观，坚持社会主义核心价值体系从科学发展观的高度，注重人文精神的培养、树立正确的成才观。思想政治素质是一个人灵魂，决定人发展的大方向，是青少年实现全面发展的基础。不断提高思想政治素质，可以激发人们掌握科学技术、钻研业务、贡献社会、造福人类的积极性，可以弥补智力方面、文化业务基础方面的不足。

其次，青少年要注重科学知识、专业知识的掌握。如果说思想道德素质是解决青少年如何做人的问题，那么科学文化素质就是解决如何做事的问题。青少年要努力学习科学文化知识，具备扎实的理论基础和应用技能，培养解决实际问题的能力，优化自身的知识结构，为未来工作的需要打下坚实的基础。“知识就是力量”已成为时代的强音。教育要引导学员热爱科学，热爱学习，培养强烈的求知欲望和探索真理、刻苦钻研的精神，养成认真严谨的学习习惯，用人类优秀的文化成果充实自己，打下深厚的知识基础，形成合理的知识结构。大学生要逐步地认识到，学习绝不是为了掌握一堆现成的结论，更为重要的是，通过学习掌握探索、发现真理的科学的立场、观点、方法，提高理性思维能力，培养良好的思维品质，增强理论联系实际、分析和解决实际问题能力，特别是要培养独立的思想、批判精神和创新能力，以及自学能力、协作交往能力等。可以说，学习中要着重解决两次转化，即把知识转化为自身的素质、能力，进而转化为改造世界的力量。

再次，青少年要有健康的体魄。俗话说，身体是革命工作的本钱。健康的体魄是青少年为祖国工作的基本条件，健康的体魄会使人精神愉悦，生活轻松，青年人应当倍加珍惜自己的生命和健康，积极参加体育锻炼，增强体质。身体是生活、事业的本钱，健康的身体会使人精神饱满，生活轻松愉快。人应当珍惜自己的生命和健康，尽可能地爱护身体，讲究卫生，增强体质。除非迫不得已的特殊情况，人不应当以牺牲自己的健康、生命为代价去做任何事情。青少年的学习是紧张的、繁重的、艰苦的，繁重的脑力劳动，紧张的心理压力和学习生活，都要求青少年要重视营养，重视心理素质的培养，加强身体锻炼。因此青少年必须了解体育运动的基本知识，掌握锻炼身体的基本技能和要求，养成经常锻炼身体及讲究卫生的良好习惯，达到国家对青少年规定的体育方面要求的合格标准。

最后，青少年要有健康的心理，只有保持心理健康，才能实现人生价值的，为奉献社会创造良好的自我环境。青少年是长知识，长身体的重要阶段，也是培养良好心理素质的重要阶段。青少年要培养自尊、自立、平等、自信、自知、自强、自律、乐观等良好的心理品质。因此，青少年不仅要注重科学的体育锻炼，也要加强心灵的塑造，保持身心健康。同时随着在成长阶段出现的学习、生活、经济、就业以及社交等方面多种压力的增多，青少年一定要重视心理素质的培养和训练，注意心理健康，增强自己的信心、恒心和坚韧不拔的毅力以及对各种挫折的心理承受力。只有我们具备了健壮的体格，良好的心理素质，正常的精神状态，才能保障我们在校时顺利的完成学业，走上工作岗位后成为合格的国家的建设者和接班人。

青少年要百倍珍惜学习时光，努力学习专业知识，不断拓展综合素质，切实将科学发展观贯彻于实际学习工作中去，认真履行好自己的工作责任，深入学习科学发展观，把自己培养成为热爱祖国，报效祖国的人，追求真理、勤奋好学的人，脚踏实地、全面发展的人，真正做到热爱祖国，热爱人民，务求实效，无私奉献。在改革开放和现代化建设的大舞台上，充分发挥自己的才华与智慧，艰苦奋斗，实现自己的人生价值，努力为人民创造好的业绩，努力为社会主义事业做出积极的贡献!

五、青少年要养成科学的思维方式

思维方式科学与否，反映了对事物本质及其规律的认识程度。践行科学发展观需要科学的思维方式，这直接影响着实践的效果。青少年只有把科学发展观的精髓转化成一种思维模式，才能在具体实践中自觉地贯彻好科学发展观，最终达到认识世界和改造世界的目的。青少年在分析和解决问题时，要具备多角度、全方位的立体思维方式，例如比较思维、演绎思维、共赢思维及创新思维等方式来分析解决学习和工作中遇到的困难与挑战，青少年要让科学发展观的思维方式成为一种本能，让新思维方式成为实际生活能力的一部分，只有这样才能真正践行科学发展观，解决社会经济发展中的实际问题。从思维角度看，全面协调可持续的科学发展观是科学思维方式在社会发展战略问题上的成功运用，它抛弃了旧的，直线型的发展观，而是从宏观上和思维方式上指导社会的发展。因此，只有坚持以人本思维、动态思维、系统思维来指导社会实践才能使社会又好又快的发展。

人的创新思维是人类社会物质文明、精神文明和制度文明不断发展进步的思想动因。思想是行动的先导，有什么样的思维模式，就会产生什么样的实践行动，科学的发展方式受一定历史时期和社会实践的规模制约，是在一定的经济、文化和政治背景下逐渐形成和发展起来的，需要知识的积累。青少年要养成科学的思维方式要做到以下几点：

一是实事求是，从实际出发解决问题。人类的一切认识都是对客观存在的反应，并随着客观实际的变化而变化，青少年必须深入生活实践，解放思想、实事求是才能保持科学的思维方式和与时俱进的品格。这主要有三个标准。一是看否有利于促进发展，最简单的办法就是看利多还是弊多，是代表多数还是代表少数；二是看是否保持一定的生命力，就是看是昙花一现，还是起长效作用，是短期行为，还是基础工程；三是看是否结合实际，就是看是否符合当时的实际情况，天时地利人和。

二是要培养科学精神，形成良好的精神氛围。科学精神的核心内容是继承基础上的创新精神，青少年要有创新精神，破除固定的思维模式，具有自主创新意识，科学精神的基本要素是实事求是，科学精神要求人们一切从实际出发，实事求是，尊重客观规律、探索客观规律，并把对客观规律的科学认识作为行动的指南；科学精神的内在要求是辩证的怀疑和批判意识，青少年不要人云亦云，抛弃落后保守和教条的思维模式，对所学知识敢于批判和怀疑，不盲从不迷信。科学精神的构成要素是协作精神。科学研究是一种社会活动，随着科学研究活动的不断深入，科学技术的发展出现了明显的综合性特征，表现为科学工作者内部的分工越来越细，要求单个的科学工作者联合起来，因此，互相尊重、虚心谦让的协作精神成为现代科学精神不可缺少的构成要素。

三是青少年要不断优化知识结构，增加知识积累。坚实的知识积累和优化的知识结构能够帮助青少年树立争取的思维模式，保持大脑良好运行的基础条件。青少年要使核心知识、常识知识和辅助知识构成合理比例，这样才会避免思维方式的片面与狭隘。青少年树立终身学习的理念，广泛学习一切反映人类文明进步的知识成果，拓展知识层面，优化知识结构，提高思想境界，增强综合素质。青少年一定要勤于学习，善于学习，开阔思路，努力提高品质修养和工作能力，将自已培养成政治素质过硬、知识能力全面、专业技能精湛、充满活力和创造力的优秀人才。

四是青少年要不断进行思维方式的科学训练，要善于创新。在实际生活和学习中进行实际应用和创新训练，是培养科学思维方式最直接和最有效的途径。创新是一个民族、一个国家、一个单位、一个人发展的基础和灵魂，没有创新就没有发展。实际上，青少年不仅要加强对知识的积累，更要注重对知识的发挥与运用，使知识能够融会贯通，进而创新，创新不是孤立的、无序的，创新是继承后的发展。创新就是解决矛盾和问题。培养科学的思维方式就是要求我们在做事情的时候，不断适应时代的发展要求，不断满足人们日益增长的需求。因此，科学的思维方式已经成为了青少年素质和水平的一个重要标志。

六、青少年要树立环保理念和资源忧患意识

科学技术的突飞猛进推动了经济发展和生活水平的提高，但是，人类忽视了人与自然关系和谐的一面，过度地开发资源，导致全球环境恶化。伴随着世界各国环境保护运动的兴起和环境教育的普及，生态意识教育很快被世界各国提上了国民教育的议事日程。可持续发展观强调的是环境与经济的协调，追求的是人与自然的和谐持续发展。正如胡锦涛同志指出的："可持续发展，就是要促进人与自然的和谐，实现经济发展和人口、资源、环境相协调，坚持走生产发展、生活富裕、生态良好的文明发展道路，保证一代接一代地永续发展。"党的十七大报告在阐述实现全面建设小康社会奋斗目标的新要求时，第一次明确提出建设生态文明，胡锦涛同志要求在全社会牢固树立生态文明观念。青少年是全社会生态文明教育的重点，因为他们明天将成为国家的主人与建设者，做好环境保护工作在青少年群体中的宣传，是实施可持续发展战略的关键环节之一，是树立和落实科学发展观的必然要求和重要内容。

首先，青少年要树立生态保护意识。生态保护意识反映了尊重、保护生态环境的价值理念，它是基于青少年对生态知识的掌握，又积极地反作用于自身的行为实践过程中形成的。长期以来，我国在社会主义的经济建设过程中过分强调人定胜天、改造大自然却不重视大自然的保护，重开发而不计生态环境的平衡，虽然我们人均 GDP 在短短的三十年间增长了二十倍，但是却付出了生态环境恶化

的惨重代价。长期以来我国的经济增长方式主要是粗放型的，高投入高消耗高排放的增长方式已经严重阻碍了科学发展观的践行，导致了我国生态环境的恶化，目前我国草原退化、水土流失、土地沙漠化等问题严重地制约了经济社会的可持续发展。青少年的环保意识相对欠缺，缺乏对自然环境的爱护，不愿意主动开展或参加环境保护公益活动，而且也相对缺少分析和解决环境问题的能力，环保参与能力差。因此，青少年要注重人与自然的协调发展，树立环保理念，积极参加环保活动，围绕绿色意识、节能意识、可持续发展意识开展活动，青少年生态意识的形成，要从思维方式上思考生态问题，选择健康的生活方式，养成节能的良好行为习惯，使自己的价值观和思维方式获得全面提升。

其次，青少年要树立资源忧患意识，坚持科学发展观。科学发展观是我国总结了20多年来改革开放和现代化建设的成功经验，吸取了世界上其他国家在发展进程中的经验教训之后，提出的全新的发展观，是在发展观认识上的一次质的飞跃。我国虽然幅员辽阔，自然资源丰富，但是人口多，人均资源占有量相对较少，再加上自然资源的浪费严重，更加重了我国资源形势的严峻性。近些年来，我国在大力发展循环经济，抓好环境保护与建设，构建资源节约型国民经济体系，我国经济的增长方式也从依靠资源高消耗的粗放型向科技含量高、资源消耗低、经济效益好的集约型转变。另外，在世界多极化和经济全球化深入发展、各种不稳定不确定因素明显增加的国际环境中，国际能源和粮食价格处于高位，在国际国内各方面矛盾和问题相互交织、相互作用的现实状况下，可以预见和难以预见的风险增多，发生这样那样的问题甚至较大风险的可能性不仅是存在的。面对国内及国际严峻的形势，青少年应生增强生态意识、养成文明习惯，这对推动我国资源节约型和环境友好型社会的建设具有现实而深远的意义。

最后，青少年做为推动和谐社会建设的主力军，做践行节能减排的楷模。青少年要积极投身循环经济发展，树立可持续发展观念，立足本职，大力开展技术革新和技术攻关，带头推广新技术、新工艺、新设备和新材料，通过小窍门、小创造、小发明，提高资源利用率，为循环经济发展贡献聪明才智。青少年要积极投身生态环境保护，自觉养成保护生态环境习惯，从身边力所能及的事情做起，积极参与环保服务和生态监护活动，植绿护绿，抵制污染，珍爱生灵，维护生态，共同建设绿色家园。青少年要倡导文明的低碳生活方式，自觉养成健康、文明、节约、环保的良好习惯，发现身边有浪费等不良行为要主动制止、及时规劝，共同保护我们赖以生存的资源，共同建设我们和谐美好的家园。

青少年要认真学习贯彻党的十八大精神，牢固树立生态文明观和节能环保理念，不断增强节能减排的紧迫感和责任感，增强能源忧患意识和节约环保意识，积极倡导绿色办公和低碳生活，争做宣传节能减排的标兵，踊跃投身节能减排宣传活动。同时，学习掌握节能减排知识与技能，广泛宣传节能环保政策法规，普及节能知识和方法，努力营造节能减排的浓厚氛围，带动全社会共同形成节能减排的新风尚。勤俭节约、艰苦奋斗是中华民族的传统美德，节能减排是可持续发展的具体体现，是落实科学发展观的必然要求，也是人类的远见、智慧和内涵、修养的外在彰显，更是对子孙后代负责的身体力行及义务担当！一滴滴水能汇合成大海，一棵棵树能成长为森林！让我们每一位团员青年都行动起来，从自己做起、从点滴着手、从现在做起、从身边做起，积极参与节能减排，认真开始低碳生活，为实现国家的节能减排目标、创建节约型企业、节约型社会做出自己积极的贡献！

七、青少年要树立终身学习的理念

20世纪以来，科学技术的新成果有了迅速增长。20世纪前五十年所取得的研究成果，远远超过了19世纪。60年代以来，科学技术上的新发现、新发明比过去两千年的总和还要多。科学发明到应用的周期也愈来愈短。从电能的发现到建立第一座发电站用了近300年，而激光的发明到应用只用了两年时间。在美国，电话的普及用了75年，电视机用了30年，而计算机仅用了10年。由于知识老化加速，在人的一生中，大学阶段只能获得需用知识的十分之一左右，而其余的大多数时间都要在工作中不断学习才能取得。实践科学发展观，把学习当作一种工作和追求，牢固树立终身学习的观念，读书是人类获取知识、汲取精神营养、开阔视野、拓宽胸怀、了解历史、掌握现代科技、提高能力水平、增强理想信念、提升个人修养、塑造人格魅力的重要手段，只有不停地读书学习，个人才能不被时代所淘汰，组织才能不辱使命，民族才能自强不息，国家才繁荣昌盛。传统的一次性学校教育已无法适应现实的挑战，使现代人面临着生存危机，那种结束学校教育、找到工作就一劳永逸的落后体制已成为历史。每一个人要想使自己适应未来工作的需要，就必须终身学习。在世纪之交的历史时期，终身教育已经成为了知识经济的成功之本，它会改变一个国家的每一位青少年的未来。当前，终身教育已经成为了一种必然趋势和时代要求，青少年必须树立终身学习的理念，只有这样才能在在全面建设小康社会、实现中华民族的伟大复兴的过程中施展自身才能。青少年作为实践科学发展观生力军，不仅要有激情、热血和才智，还要以科学和理性为指引。在当今社会，青少年要想具备持久的竞争能力，就是要具备比竞争对手更快的学习能力。终身学习也是21世纪的人才必须具备的品质。

青少年时期，养成热爱学习，善于学习，主动学习，科学学习的良好习惯是其终身受益的好习惯，是奠定全民学习，终身学习的学习型社会坚实的基础。正如江泽民同志所说的“终身学习是当今社会发展的必然趋势。一次性学校教育，已经不能满足人们不断更新知识的需要”。书籍是知识的载体，是人类智慧的结晶，是人类进步的阶梯。如果一个人从青少年开始，就树立学习、学习、再学习的思想，就会在主动学习、认真学习上打好基础，拓宽知识面上下功夫。这样才能保证在一生中，思想观念跟上形势的发展，职业技能适应时代的需要。不论是中年、老年他都会把良好的学习习惯坚持下去，真正成为一个活到老、学到老、用到老的学习型人才。所以，要坚持终身学习，必须从青少年开始，打下扎实的文化基础，养成浓厚的学习兴趣。才能在不断学习中，学得进、吃得透，掌握牢。青少年良好的学习功底，是终身学习、构建学习型社会的重要基础。

树立终身学习的理念首先要培养自学能力，它主要包括独立阅读的能力、独立思考的能力和知识灵活运用的能力等。学习的重要性不言而喻，“学习”比之“教育”“培训”，更强调学习者的主动性。只有当一个人或一个组织有了发自内在的学习动力，想学习的时候，学习才能更有效。培养良好的自学能力，不仅要克服学习中的盲目性与随机性，还要确定具体的学习计划，循序渐进，持之以恒并注重搜集和整理材料的技巧。培养青少年的自学能力是培养有用人才的有效保证，自学能力是个人和社会发展的需要，也是提高整个中华民族素质的需要，恩格斯曾说到：一个没有理论思维的民族，是不可能站在科学的最高峰的。民族素质的整体提高需要每一个人素质的提高，认识到这一点，青少年应充分发挥主观能动性，形成自觉学习的好习惯，胡锦涛同志曾强调，青年是祖国的未来和民族的希望，青年学生是国家的宝贵人才资源。各级党委和政府要从党和国家事业薪火相传、后继有人的战略高度，对青年和青年学生高度重视、充分信任、热情关怀、严格要求，更好地发挥青年和青年学生的积极作用，努力培养造就中国特色社会主义事业合格建设者和接班人。胡锦涛同志号召当代青年要把爱国主义作为始终高扬的光辉旗帜，把勤奋学习作为人生进步的重要阶梯，把深入实践作为成长成才的必由之路，把奉献社会作为不懈追求的优良品德，胡锦涛同志指明了当代青年前进的方向。

树立终身学习的理念，需要正确的学习方法作为支撑。学习是民族振兴的基石，是青少年成人成才的保障，青少年应当把学习当做人生前进的基础，拼搏向上的源泉。而科学的学习方法能够起到事半功倍的成效。青少年要做到按照学校制定的作息制度和课表开安排时间的同时，对重点和难点利用精力最充沛的时间进行攻读，并且挤出零星时间做些小事和杂事。坚持向书本学习、向同事学习、向学生学习，相信书中自有黄金屋，三人行必有我师，另外，青少年要合理利用学校图书馆和电脑，及时向老师请教，提高学习效率。坚持做到学以致问，经常把工作中遇到的问题装在脑子里，从学中找答案，找办法，经常与人交流讨论，在交流、对话、研讨中，取长补短，开启思路，激发潜能，加深对问题的认识和理解。坚持学以致用，将学习同研究和解决实际问题结合起来，努力把各项工作提高到一个新水平，切实把理论和知识转化成为生产力和创造力。常常自觉对照“科学发展观”的要求，认真检查自己的学习，检查自己的工作，看学习是否有利于改进工作，并及时调整、改革不符合、不适应的学习方法和工作方法。

八、青少年要树立社会主义荣辱观

2006年3月，胡锦涛在《牢固树立社会主义荣辱观》中指出：“要教育广大干部群众特别是广大青少年树立社会主义荣辱观，坚持以热爱祖国为荣、以危害祖国为耻，以服务人民为荣、以背离人民为耻，以崇尚科学为荣、以愚昧无知为耻，以辛勤劳动为荣、以好逸恶劳为耻，以团结互助为荣、以损人利己为耻，以诚实守信为荣、以见利忘义为耻，以遵纪守法为荣、以违法乱纪为耻，以艰苦奋斗为荣、以骄奢淫逸为耻。”社会主义荣辱观体现了社会主义道德规范的本质要求。荣辱观同苦乐观、生死观一样，是世界观、价值观和人生观的重要内容。世界观是人们对世界本质及其规律的一般看法，人生观是一种人生的目的、意义的认识和对人生的态度，价值观是人们衡量不同事物的价值标准的基本观点。荣誉和耻辱属于道德观念的范畴，它反映了社会对人们行为的褒贬评价以及人们对这种评价的自我感受等，依据一定的荣辱标准进行自我评价和社会评价，逐渐形成了个人的荣辱观念。以“八荣八耻”为主要内容的社会主义荣辱观，把社会主义道德的核心、原则和基本要求和规范结合起来，体现中华民族传统美德和时代要求，反映社会主义世界观、价值观和人生观，明确了当代中国最基本的价值取向和行为准则，是马克思主义道德观的精辟概括，是新时期社会主义道德的系统总结。青少年是祖国的未来和希望，承担着中华民族伟大复兴的历史重任，把青少年培养成什么样的接班人，树立怎样的世界观、价值观、人生观、道德观不仅对他们自己健康成长非常重要，而且青少年思想道德整体水平的高低也决定着整个中华民族道德水平的高低、决定着整个国家社会风气和经济的发展、社会的全面进步。青少年时期树立正确的世界观、人生观和价值观、形成正确的是非、善恶、美丑观念，对于他们的健康成长、成才具有极其重要的作用。因此，青少年树立社会主义荣辱观，是培养社会主义合格建设者的必然要求。

社会主义荣辱观，涵盖了个人、集体、国家三者的关系，弘扬了中国共产党人的优良传统，体现的是为人民服务的人生观；体现的是家庭生活、职业生活、社会公共生活中公民应当遵循的基本准则；体现的是以改革创新为核心的时代精神的根本要求，是对我们党关于社会主义道德建设思想的高度继承和发展。新中国成立之初，毛泽东明确提出了培养千百万德、智、体全面发展的社会主义事业接班人的战略任务。在改革开放时期，邓小平继承和发展了毛泽东的这一伟大思想，把新时期社会主义事业接班人的要求概括为有理想、有道德、有文化、有纪律的社会主义事业的接班人。在推进中国特色社会主义事业的实践中，江泽民也非常重视青少年的思想道德教育问题，进一步丰富了培育社会主义“四有”新人的思想。以“八荣八耻”为主要内容的社会主义荣辱观，是对中国特色社会主义事业需要的合格公民提出的新要求，也是指引青少年健康成长、为社会主义事业建设的行动指南，教育青少年树立正确的荣辱观，就要强调从日常生活小事做起。从行为养成入手，注重点点滴滴的熏陶，这样既有利于青少年克服道德认知上的困难，也有助于他们逐步培养自己良好的行为习惯。因此，青少年树立社会主义荣辱观，是培育新时代社会主义“四有”新人的根本要求。

以热爱祖国为荣、以危害祖国为耻。爱国不仅是一种崇高的感情，也是一种神圣的责任和使命，爱国还是害国，历来都是大是大非问题，丝毫含糊不得。爱国需要付诸实际行动，尤其是在复杂多变的国际环境和日益广泛频繁的对外交往中，怎样保持国格，必须清醒把握的荣辱界限。我们青少年也要以自己的实际行动报效祖国，更好地热爱祖国，要以最诚挚的感情对待自己的祖国，要弘扬民族精神，要关心国家大事，强化国家意识，在我们的日常学习、工作、劳动和生活中，维护国家统一与尊严，节约资源、保护环境也是爱，坚持自主创新、为国争光，在自己平凡的岗位上多做奉献，以自己的辛勤劳动和聪明才智推动祖国向着更加美好的未来发展前进。

以服务人民为荣、以背离人民为耻。“为人民服务”是社会主义道德的核心，是我们党的优良传统，也是社会主义荣辱观的核心。“民为邦本，本固邦宁”，我们党是立党为公、执政为民的执政党，我国是社会主义国家，每一位公民既是国家和社会的主人，又是劳动者和服务者，邓小平同志曾经指出，人民满不满意，人民高不高兴，人民赞不赞成应当成为衡量我们一切工作与言行的标准。“以服务人民为荣，以背离人民为耻”鞭策我们青少年要热爱人民，心中有他人，要一切为了人民，一切向人民负责，从身边小事做起，要在家庭成员之间、邻里之间、甚至互不相识的人之间互相关心、互相爱护、互相帮助，倡导礼仪新风。影响和带动广大青少年奉献社会、热爱人民、关爱他人，抵制和消除损人利己的不良现象，营造出一个“以服务人民为荣、以背离人民为耻”的和谐社会。

以崇尚科学为荣、以愚昧无知为耻。科学的进步是社会进步的巨大源泉，树立科学态度，就是要加强科学理论的武装，提高科学素养。我们既处于科学技术日新月异、社会文明不断进步的时代，又处于经济和社会加快转型，各种矛盾凸显共存的时代，因此我们更要高度重视在全社会广为传播科学知识，进一步形成讲科学、爱科学、学科学、用科学的良好社会风尚。“以崇尚科学为荣、以愚昧无知为耻”鞭策我们青少年要牢固树立科学的精神和态度，加强学习，提高科学文化水平，以科学改变无知，以文明破除愚昧，认真学习和掌握人类文明发展的成果，要从小培养创造意识，争当创新型人才，为建设创新型国家打下坚实基础。

以辛勤劳动为荣、以好逸恶劳为耻。爱劳动是每个人应当遵循的基本要求，也是我们社会经济发展的迫切需要，中华民族是勤劳的民族。马克思说：“任何一个民族，如果停止了劳动，不用说一年，就是几个星期也要灭亡。”劳动既是公民生存的手段，也是公民对社会、对国家应尽的义务，社会的物质财富和精神财富来源于全体社会成员辛勤劳动的积累，社会的存在和发展是靠每一个人的辛勤劳动创造的。“以辛勤劳动为荣、以好逸恶劳为耻”鞭策我们青少年要热爱劳动，尊重劳动。既热爱和尊重脑力劳动，也热爱和尊重体力劳动。既要坚持勤奋学习，积极参与校园劳动，还要分担家务活，体验劳动的光荣。

以团结互助为荣、以损人利己为耻。团结互助是社会主义社会人与人之间关系的基本特征，团结互助，是健康向上之气，力量聚集之源，团结互助出凝聚力、战斗力和创造力。对他人关心的人，也会得到他人的善待和帮助，对他人冷漠的人，也必然会受到他人的冷落。实际上，公民之间的团结互助、相互关怀，不仅关系到个人的小事，也关系到民族和国家兴衰存亡的大事。无论是一个家庭、一个团体，还是一个政党、一个民族、一个国家，只有重视团结，维护团结，以互助行动搞好团结，才能同心同德，和谐发展。在不同意见面前，要心平气和，求同存异；在荣誉面前，要克己奉公，舍己利人，不唯利是图；在困难面前，要同舟共济，共渡难关；出现了失误和挫折，要勇于内省，敢于承担。“以团结互助为荣、以损人利己为耻”鞭策我们青少年要关心他人、尊重他人、帮助他人、爱护他人，要和所有同学发扬团队精神，加强相互协作，决不能为个人的私利做损害他人和集体利益的事情。团结互助、和睦友好是社会主义和谐社会的根基。

以诚实守信为荣、以见利忘义为耻。在人类的道德规范体系中，诚信的理念是最重要的基本理念之一，诚信是立身之本、发展之道，诚信是一个人、一个集体、一个国家兴盛发展的道德基础，“诚实”就是表里如一，说老实话，办老实事。“守信”就是说到做到守诺言，讲信誉，言行一致。构建和谐社会，个人需要诚信，集体、社会需要诚信，国家更需要诚信。只有人人讲诚信，取信于他人，给他人以信任，形成和谐的人际关系，才能为构建和谐社会奠定坚实的基础。这里的“利”，是置大义于不顾的非法获得之利，而非人们正当的利益，“义”，正是他人的利益、国家的利益、民族利益。“以诚实守信为荣、以见利忘义为耻”鞭策我们青少年要以实事求是的精神指导自己的一切行为，我们在作业、考试中不能弄虚作假，凡事都应诚信为本，以诚待人，做到言必行，行必果。

以遵纪守法为荣、以违法乱纪为耻。遵纪守法是每个公民应尽的社会责任和道德义务，遵纪守法就是要求人们用法律来规范自己的行为，树立宪法意识和法制观念，严格遵守宪法和法律，在继承中华民族传统美德的基础上，进一步树立遵守法纪的现代理念，实现个人的价值目标和利益追求。以遵纪守法为荣，以违法乱纪为耻"，强调的是一种行为方式和人生准则，唤起的是人的良知，彰显的是人生自律的力量，倡导的是社会主义法治观、道德观。"以遵纪守法为荣、以违法乱纪为耻"鞭策我们青少年要知法懂法，遵纪守法。要自觉遵守各项法规和校纪校规，做守法小公民。

以艰苦奋斗为荣、以骄奢淫逸为耻。艰苦奋斗是我们民族的传统美德，艰苦奋斗也是我们党的传家宝和政治本色，倡导艰苦节俭，反对骄奢淫逸是中华民族的优良传统，事实证明，任何一个国家、民族，如果骄奢淫逸成风，享乐主义盛行，就不会有什么希望。而今的青少年，生活条件越来越优裕了，拜金主义及享乐主义等一些不良作风，给青少年的成长带来了不可忽视的负面影响，青少年要始终保持奋发有为的精神，保持健康向上的生活方式，不怕任何艰难困苦，不贪安逸生活，勇于通过自身努力创造美好的未来。荣辱观对于青少年的成长发展有着决定性影响，可以说，有什么样的荣辱观，就有什么样的人生。"以艰苦奋斗为荣、以骄奢淫逸为耻"鞭策我们青少年要大兴革命传统之风，我们不相互攀比衣着和学习用品，而应学习老一辈艰苦朴素的作风，倡导道德品质、学习能力的良性竞争。

青少年肩负着我们自己以及整个社会的未来，青少年的思想道德素质和科学文化素质状况直接影响一个国家的未来。因此，青少年兴则国家兴，青少年强则国家强，青少年有希望，未来的发展就有希望。热爱祖国、服务人民、崇尚科学、辛勤劳动、团结互助、诚实守信、遵纪守法、艰苦奋斗，这八个方面是一个有机整体，是一条基本社会道德底线，也是青少年思想道德教育树起的新标杆。以“八荣八耻”为主要内容的社会主义荣辱观，是对中国特色社会主义事业需要的合格公民提出的新要求，也是指引青少年健康成长，为社会主义事业合格建设者和接班人的行动指南。我们青少生必须从时代发展的高度出发，牢记总书记“八荣八耻”的教诲，牢固树立社会主义荣辱观，大力弘扬社会主义荣辱观，争做树立社会主义荣辱观的倡导者，争做学习社会主义荣辱观的先行者，使自己勤奋学习、快乐成长、全面发展，不断激发崇高精神追求，努力把自己培养成为一个有理想、有道德、有文化、有纪律的社会主义新青年。